나의 단단한 어휘력과 표현력을 위한

배우고 ──── 노력하는
사자성어
명언 필사

나의 단단한 어휘력과 표현력을 위한

배우고 ─── 노력하는
사자성어 명언 필사

김한수 지음

하늘
아래

들어가며

　우리는 매일 세상과 소통하며 살아갑니다. 말과 글은 그 소통의 가장 중요한 도구이자, 우리의 생각과 감정을 전달하는 창입니다.
　하지만 때로는 단순한 말과 글로는 표현하기 어려운 깊은 의미와 감정이 있습니다. 그럴 때 사자성어는 우리의 생각을 함축적이고 강렬하게 전달하는 데 큰 힘을 발휘합니다.
　사자성어는 단순한 네 글자가 아니라, 수천 년의 역사와 지혜가 담긴 보석과 같습니다. 이 책은 그 보석 같은 사자성어를 통해 세상과 더 깊이 소통하고, 나아가 자신의 어휘와 표현력을 한층 더 풍부하게 만드는 데 도움을 주고자 기획되었습니다.
　이 책은 사자성어를 배우는 것을 넘어, 그 사자성어와 어울리는 세계적인 명언들을 함께 소개합니다. 사자성어는 동양의 지혜를, 명언은 서양의 철학과 통찰을 담고 있습니다. 이 두 가지를 함께 배우고 필사함으로써, 독자들은 동서양의 지혜를 아우르는 풍부한 사고와 표현력을 키울 수 있을 것입니다.

필사는 단순히 글을 베끼는 행위가 아닙니다. 필사는 마음으로 글을 읽고, 그 의미를 곱씹으며, 자신의 것으로 만드는 과정입니다. 이 과정을 통해 독자들은 단순히 지식을 습득하는 것을 넘어, 자신의 내면을 성찰하고 성장할 수 있는 기회를 얻을 것입니다.

이 책은 특히 어른들을 위한 책입니다. 어른이 되어서도 배움은 계속되어야 합니다. 사자성어는 우리의 삶을 돌아보고, 더 나은 방향으로 나아가기 위한 지혜를 제공합니다. 그리고 그 지혜를 명언과 함께 필사하며, 우리는 자신의 언어와 사고를 더욱 다듬을 수 있습니다. 이 책을 통해 독자들은 다음과 같은 변화를 경험할 수 있을 것입니다.

첫째, 어휘력의 확장입니다. 사자성어와 명언을 통해 풍부한 어휘를 습득하고, 이를 일상에서 자연스럽게 활용할 수 있습니다.
둘째, 표현력의 강화입니다. 짧지만 강렬한 사자성어와 명언을 통해 복잡한 생각과 감정을 간결하고 명확하게 표현하는 능력을 키울 수 있습니다.
셋째, 사고의 깊이입니다. 사자성어와 명언 속에 담긴 깊은 의미를 곱씹으며, 자신의 사고를 더욱 풍부하고 깊이 있게 확장할 수 있습니다.
넷째, 마음의 성찰입니다. 필사를 통해 자신의 내면을 들여다보고, 삶의 방향을 되돌아보는 시간을 가질 수 있습니다.

이 책은 단순히 사자성어와 명언을 나열한 책이 아닙니다. 각 사자성어와 명언을 통해 독자들이 자신의 삶을 돌아보고, 더 나은 방향으로 나아갈 수 있도록 돕는 안내서입니다.
책 속의 글자 하나하나가 독자들의 마음속에 스며들어, 삶의 지혜와 용기로 변할 수 있기를 바랍니다.

한자의 필순 원칙

한자를 쓰는 데는 일정한 규칙이 있다. 필순(筆順)이란 한자 낱자를 쓸 때의 순서를 의미한다.

필순이 먼저 생기고 그것에 따라 쓴 것이 아니라는 점에서 반드시 절대적이라고 할 수는 없지만, 수많은 한자를 씀에 있어 모양새 있게 쓰면서 빠르고 정확하게 쓸 수 있는 순서를 찾아 이를 귀납적으로 규칙화한 것이다.

필순(筆順)의 원칙은 다음과 같다.

1. 위에서 아래로 쓴다.

2. 왼쪽에서 오른쪽으로 쓴다.

3. 가로와 세로가 겹칠 때에는 가로획을 먼저 쓴다.

4. 좌우 대칭일 때는 가운데 획을 먼저 쓰고 왼쪽, 오른쪽의 순서로 쓴다.

| 예 小 | 亅 亅 小 |
| 예 水 | 亅 刁 オ 水 |

5. 둘러싼 모양의 글자는 바깥둘레를 먼저 쓰고 안은 나중에 쓴다.

예	月	ノ 几 月 月
예	同	丨 冂 冂 同 同 同

- 바깥둘레를 먼저 쓰고, 안은 나중에 쓰나 문은 마지막에 닫는다.

예	回	丨 冂 冂 回 回 回
예	國	丨 冂 冂 冂 同 同 同 國 國 國 國

6. 삐침(丿)과 파임(乀)이 어우를 때는 삐침을 먼저 쓴다.

예	人	丿 人
예	父	✓ 八 分 父

7. 글자 전체를 꿰뚫는 획이나 받침(辶, 廴)은 나중에 쓴다.

예	中	丨 冂 口 中
예	母	ㄴ 口 口 母 母
예	近	✓ 厂 斤 斤 沂 沂 近
예	建	フ ᄏ ᄏ ᄏ ᆯ 聿 津 建 建

예외 起, 題, 勉 등의 받침(走, 是, 免)은 받침을 먼저 쓴다.

8. 오른쪽 위의 점과 안의 점은 맨 나중에 찍는다.

예 代	ノ 亻 仁 代 代
예 瓦	一 厂 匚 瓦 瓦

* 원칙으로 인정되는 필순이 복수이거나 위의 원칙에서 벗어나는 예외적인 글자도 간혹 있지만, 그런 경우는 별도로 익혀두는 수밖에 없다.

● 필순 참고사항

1. ⺾(초두머리)는 4획으로 다음의 필순을 권장한다.

⺾	一 十 ⺩ ⺾

2. ⽕(필발머리)의 필순은 5획으로 다음의 필순을 권장한다.

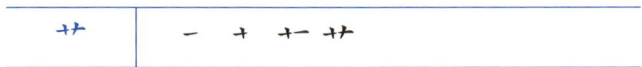

3. 臼(절구 구)의 필순은 6획으로 다음의 필순을 권장한다.

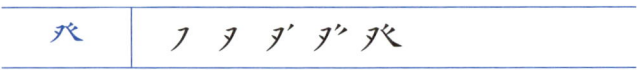

차례

들어가는 말
— 4 —

한자필순의 원칙
— 6 —

**배우고 노력하는
사자성어
명언필사**
— 10 —

찾아보기
— 240 —

1 도원결의 桃園結義

사자성어
명언 필사 2

도원에서[桃][園] 의형제를[義] 맺음[結]

| 복숭아나무가 있는 정원에서 의형제를 맺음 |

도원결의는 중국 고전 소설 《삼국지》에서 유래한 말로, 유비(劉備), 관우(關羽), 장비(張飛) 세 사람이 복숭아나무가 있는 정원(桃園)에서 의형제를 맺은 사건에서 유래한 말입니다.
이 말은 강한 유대감과 충성을 바탕으로 하는 동맹 관계를 강조할 때 쓰는 표현입니다.

• 관련된 성어
관포지교(管鮑之交) : 관중과 포숙아처럼, 서로를 깊이 이해하고 배려하는 친구 사이.
단금지교(斷金之交) : 친구 간의 굳은 우정이 쇠를 자를 정도로 강함.

예문 **도원결의**를 맺은 동료들은 어려운 순간도 서로의 힘을 빌려 차근차근 이겨내었다.

桃	園	結	義
복숭아 도	동산 원	맺을 결	옳을 의

도원결의 桃園結義

세상을 변화시키고 싶다면,
혼자가 아니라 같은 뜻을 가진 사람들과 손을 잡아라.
단단한 동맹만이 진정한 변화를 만든다.

- 넬슨 만델라(Nelson Mandela) -

한 사람의 꿈은 희망이 되지만,
여러 사람의 꿈은 현실이 됩니다.

2 사자성어 명언 필사 2 | 살신성인 殺身成仁

몸을[身] 죽여서[殺] 인[仁]을 이룬다[成]

| 자기의 몸을 희생하여 의로움을 행함 |

살신성인은 '자신을 희생하여 인(仁)을 이룬다'는 뜻입니다.
자신의 목숨을 바쳐서라도 올바른 도리나 의로운 일을 실천하는 것을 의미합니다.
여기서 '인(仁)'은 인간애, 어짊, 도덕적 완성 등을 의미합니다.
이 표현은 흔히 큰 의례이나 이상을 위해 자신을 희생하는 것을 상징적으로 나타낼 때 사용됩니다.

• 관련된 성어
사생취의(捨生取義): 목숨을 버리고 의로운 일을 따른다는 뜻.
견위수명(見危授命): 위험을 보면 목숨을 바친다는 뜻
멸사봉공(滅私奉公): 개인의 이익을 버리고 공적인 일에 헌신함.

예문 유관순 열사는 조국 독립을 위해 **살신성인**의 정신으로 끝까지 저항했다.

殺	身	成	仁
죽일 살	몸 신	이룰 성	어질 인

살신성인 殺身成仁

한 사람의 희생이 온 세상을 구할 수 있다면,
그는 단순히 죽는 것이 아니라 영원히 살아남는 것이다.
진정한 정의는 자신의 이익이 아니라
모두를 위한 선을 추구하는 데 있다.

- 레프 톨스토이 (Leo Tolstoy) -

공동체와 인류를 위한 도덕적 책임을 다해야만
진정으로 가치 있는 삶을 살 수 있을 것입니다.

3 사자성어 명언 필사 2

하석상대 下石上臺

아래에[下] 돌을[石] 놓고 위에[上] 대[臺]를 쌓는다

| 임시변통으로 이리저리 둘러맞춤을 이르는 말 |

하석상대는 아랫돌 빼서 윗돌 괴고 윗돌 빼서 아랫돌 괸다는 뜻입니다.
이 표현은 임시변통으로 일을 잘못 처리하여 오히려 결과가 역효과를 낳는 경우를 나타냅니다.
즉, 잘못된 방법으로 일을 처리하여 결국 상황을 더 어렵게 만들거나, 기대했던 것과는 반대되는 결과를 초래하는 상황을 표현하는 데 사용됩니다.

• 관련된 성어와 어휘

미봉책(彌縫策) : 눈가림만 하는 일시적인 대책.
임시방편(臨時方便) : 그때의 사정에 따라 둘러맞춰서 처리함.

예문 **하석상대**의 잘못된 접근 방식으로 결국 모든 계획이 실패로 돌아갔다.

下	石	上	臺
아래 하	돌 석	위 상	대 대

하석상대 下石上臺

급하게 문제를 해결하려 하면 오히려 더 큰 문제를 만든다.
중요한 것은 신중히 상황을 파악하고
최선의 방법을 선택하는 것이다.

- 조지 버나드 쇼(George Bernard Shaw) -

급한 마음에 서두르지 말고 신중하고 깊이 생각하며
해결하는 것이 가장 확실한 답을 찾을 수 있는 길입니다.

4 무미건조 無味乾燥

사자성어 명언 필사 2

맛이[味] 없고[無] 건조하다[乾][燥]

| 글이나 생활 따위가 딱딱하고 재미가 없음을 이르는 말 |

무미건조는 직역하면 '맛이 없고 건조하다'라는 뜻입니다.
무미(無味)는 맛이 없다는 뜻이며, 건조(乾燥)는 물기가 없어 메마르다는 뜻으로, 생기나 활력이 없음을 나타냅니다.
즉, 글, 말, 상황, 또는 사물이 지루하고 재미가 없으며 감동이나 흥미를 주지 못하는 상태를 표현할 때 사용됩니다.

• 관련된 어휘

무의미(無意味) : 내용이 없거나 감동이 없는 상황
공허(空虛) : 속이 비어 있고 의미가 없다는 뜻.
시시껄렁하다 : 내용이 얕고 의미가 없다는 의미.

예문 이 책은 내용이 **무미건조**해서 끝까지 읽기 힘들었다.

無	味	乾	燥
없을 무	맛 미	마를 건	마를 조

무미건조 無味乾燥

우리가 하는 말은 우리의 생각과 감정을 드러내는 거울이다.
하지만 그 말이 진정성과 의미를 갖추지 않으면,
그저 공허한 소음에 지나지 않는다.

- 버트런드 러셀(Bertrand Russell) -

진심을 담아 내뱉은 말은 마음 깊은 흔적을 남기지만,
공허한 말은 결국 아무런 흔적도 남기지 않습니다.

5 사자성어 명언 필사 2

유명무실 有名無實

이름만[名] 있고[有] 실속은[實] 없음[無]

| 이름만 그럴듯하고 실속은 없다 |

유명무실은 '이름만 있고 실속은 없다'는 뜻입니다.
겉으로는 그럴듯하게 보이지만 실제로는 아무런 내용이나 가치가 없다는 의미로 표현할 때 사용하는 말입니다.
예를 들어, 제도, 조직, 사람, 물건 등이 이름만 그럴듯하고 실제로는 효과나 기능이 없는 경우를 가리킵니다.

• 관련된 성어와 속담

허장성세(虛張聲勢) : 실속 없이 겉만 그럴듯하게 꾸미거나 과시한다는 뜻.
허례허식(虛禮虛飾) : 형식적이고 실속 없는 예절과 꾸밈.
빛 좋은 개살구 : 보기에는 그럴 듯하지만 실제로 아무 내용도 없음.

[예문] 회사의 정책은 **유명무실**해서 직원들에게 아무런 도움이 되지 않았다.

有	名	無	實
있을 유	이름 명	없을 무	열매 실

유명무실 有名無實

이름만으로는 사람을 판단할 수 없다.
중요한 것은 그 사람이 그 이름에 걸맞은
실력을 갖추었는지이다.

- 스티브 잡스(Steve Jobs) -

이름만으로 사람을 판단할 수 없듯이 진정한 가치는
그 이름에 걸맞은 삶의 흔적 속에서 빛나는 것입니다.

6 사자성어 명언 필사 2

표리부동 表裏不同
겉과[表] 속이[裏] 같지[同] 않음[不]

| 마음이 음흉하여 겉과 속이 다름 |

표리부동은 '겉과 속이 다르다'는 뜻입니다.
겉과 속이 일치하지 않거나, 진심과 행동이 일치하지 않는 사람을 표현할 때 주로 쓰입니다. 또한 이 말은 주로 가식적이거나 위선적인 태도를 지적하는 경우에 많이 사용됩니다.

• 관련된 성어와 어휘

내로남불(內勞外佛) : 겉과 속이 다른 행동을 한다는 의미.
가식(假飾) : 진실하지 않은 모습으로 겉을 꾸미고 포장하는 것.
위선(僞善) : 겉으로는 선한 척하지만 실제로는 그렇지 않은 사람.

예문 그 사람은 **표리부동**한 성격이라 믿을 수 없다.

表	裏	不	同
겉 표	속 리	아닐 부	한가지 동

표리부동 表裏不同

위선자는 겉으로는 꽃을 피운 듯 보이지만,
속은 바람에 휘청거리는 쓰러진 나무와 같다.

- 장 파울 (Jean Paul) -

사람들에게 보여주기 위한 꽃이 아니라,
자신의 깊은 곳에서 우러나오는 성실함과
따뜻함이 흔들리지 않는 나무가 되는 것입니다.

7
사자성어
명언 필사 2

양두구육 羊頭狗肉
양의[羊] 머리와[頭] 개고기[狗][肉]

| 겉으로는 훌륭한 듯이 내세우지만 속은 보잘것없음 |

양두구육을 직역하면 '양의 머리와 개고기'라는 뜻입니다.
이 표현은 겉과 속이 다르거나, 겉으로는 그럴듯해 보이지만 실제는 그렇지 않은 상황을 비유적으로 나타낼 때 사용됩니다.
즉, 겉모습과 실제 내용이 일치하지 않음을 의미하는 관용구입니다.
비슷한 표현으로는 '가짜뿐이다' 또는 '겉만 번지르르하다' 등이 있습니다.

• **관련된 성어**

구밀복검(口蜜腹劍) : 입으로는 달콤한 말을 하지만, 배 속에는 칼을 품고 있다.
면종복배(面從腹背) : 겉으로는 따르는 척하면서 속으로는 배신할 마음을 품음.

예문 이번 신제품은 화려한 광고에 비해 성능 면에서는 **양두구육**인 것 같아 실망스럽다.

羊	頭	狗	肉
양 양	머리 두	개 구	고기 육

양두구육 羊頭狗肉

사람은 누구나 두 개의 얼굴을 가지고 있다.
하나는 자신에게 보이는 얼굴이고,
다른 하나는 세상에 보여주는 얼굴이다.

- 오스카 와일드(Oscar Wilde) -

때로는 세상이 원하는 얼굴을 걸치고 살아야 하지만,
그렇다고 자신의 진짜 모습을 버리지 말고 살아야 합니다.

8 사자성어 명언 필사 2

동상이몽 同床異夢

같은[同] 평상에[床] 다른[異] 꿈을[夢] 꾸다

| 같이 행동하면서 속으로는 서로 딴생각을 하는 것 |

동상이몽은 직역하면 '같은 침상에서 다른 꿈을 꾸다'는 뜻입니다.
이 표현은 겉으로는 함께 있거나 같은 상황에 있지만, 실제로는 서로 다른 생각이나 목표를 가지고 있음을 의미합니다.
즉, 외적으로는 함께 행동하지만 내적으로는 다른 의도나 계획을 가지고 있는 상황을 비유적으로 나타낼 때 사용됩니다.

• 관련된 성어

노승발검(怒蠅拔劍) : 서로 같은 대상을 두고도 해석이나 반응이 다름.
표리부동(表裏不同) : 같은 생각을 하는 것처럼 보이지만 속마음은 다름.

예문 친구와 함께 창업했지만 지향점이 달라 결국 **동상이몽** 끝에 갈라서게 되었다.

同	床	異	夢
한가지 동	평상 상	다를 이(리)	꿈 몽

동상이몽 同床異夢

사람들은 같은 배를 타고 있지만,
누구는 저 멀리로 떠나고 싶고,
누구는 지금 여기에 머물고 싶어 한다.

- 프리드리히 니체 (Friedrich Nietzsche) -

서로 같은 배를 타고 있어 함께 가는 듯하지만,
마음은 저마다 다른 곳을 항해하고 있음을 인정해야 합니다.

9 청산유수 青山流水
사자성어
명언 필사 2

푸른[青] 산과[山] 흐르는[流] 물[水]

| 막힘없이 잘하는 말을 비유적으로 이르는 말 |

청산유수는 직역하면 '푸른 산과 흐르는 물'이라는 뜻입니다.
맑고 깨끗한 자연의 경치를 의미하는 사자성어입니다. 그러나 이 표현은 주로 말이나 글이 매우 유창하고 매끄럽게 이어진다는 의미로 쓰입니다.
물이 청산을 따라 흐르는 것처럼, 말이나 글이 자연스럽고 끊김 없이 흐를 때 사용됩니다.

• 관련된 어휘

유창(流暢) : 말이나 글이 막힘없이 매끄럽고 자연스럽게 이어짐.
능숙(能熟) : 어떤 일을 아주 잘 해내는 능력이나 솜씨가 뛰어난 상태.
일목요연(一目瞭然) : 한눈에 알아볼 수 있을 만큼 분명하고 뚜렷함.

예문 그의 연설은 **청산유수**처럼 유창하게 이어졌다.

青	山	流	水
푸를 청	뫼 산	흐를 유(류)	물 수

청산유수 靑山流水

유창한 말은 단순히 빠르거나 멋지게 하는 것이 아니다.
그것은 생각과 감정이 매끄럽게 이어져,
마치 자연의 흐름처럼 사람들이 공감하게 만드는 힘을 지닌다.

- 오스카 와일드 (Oscar Wilde) -

유창한 말은 표현의 기교나 말솜씨로만 평가되지 않으며,
사람들의 마음에 닿고 공감하게 만드는 말의 진정성입니다.

10 사자성어 명언 필사 2

조삼모사 朝三暮四

아침에[朝] 세 개[三], 저녁에[暮] 네 개[四]

| 자기의 이익을 위해 꾀를 써서 남을 속이고 놀리는 것 |

조삼모사는 중국 송(宋)나라의 저공(狙公)이 자신이 키우는 원숭이들에게 먹이를 아침에는 세 개, 저녁에는 네 개를 주겠다고 하자 원숭이들이 화를 내므로, 아침에는 네 개, 저녁에는 세 개를 주겠다고 바꾸어 말하니 기뻐하였다는 고사에서 유래하였습니다.
이 표현은 겉으로는 달라 보이지만 실제로는 같은 내용이나 결과를 가리키는 상황을 비유적으로 나타낼 때 사용됩니다.
즉, 표현 방식이나 방법은 다르지만 결국 결과는 동일함을 의미합니다.

• **한자의 발견**

暮(모) : 莫(없을 막)과 日(해 일)이 합하여 이루어진 모습으로, 해가 없음은 곧 날이 저물었음을 의미하여 '저물다'는 뜻이며, 여기서는 저녁을 의미한다.

朝	三	暮	四
아침 조	석 삼	저물 모	넉 사

◆◇◆
조삼모사 朝三暮四

겉으로 보기에는 아름다워 보일지 모르지만,
속이 비어 있다면 그 어떤 화려함도
결국 시간이 지나면 드러나게 된다.
진정한 가치와 아름다움은 깊이와 진실에서 비롯된다.

- 헨리 데이비드 소로 (Henry David Thoreau) -

겉으로 드러나는 아름다움은 잠시 빛나지만,
진정한 가치는 마음속에 영원히 새겨집니다.

11 사자성어 명언 필사 2

구밀복검 口蜜腹劍

입에는[口] 꿀이[蜜], 배에는[腹] 칼이[劍] 있음

| 말로는 친한 척하나 속으로는 미워하거나 해칠 생각이 있음 |

구밀복검은 직역하면 '입에는 꿀, 배에는 칼'이라는 뜻입니다.
이 표현은 겉으로는 달콤한 말을 하면서 속으로는 해칠 생각을 품고 있음을 비유적으로 나타냅니다.
즉, 겉으로는 친절하고 좋은 말을 하지만, 속으로는 배신하거나 해를 입히려는 의도를 가지고 있는 사람을 표현할 때 사용됩니다.

• **한자의 발견**

劍(검) : 僉(다 첨)과 刀(칼 도)가 합하여 이루어진 모습으로, 칼이나 베다라는 뜻을 가진 글자이다. 劍(검)은 양날이 다소 큰 갈이고, 刀(도)는 한쪽 날의 작은 칼을 의미한다.

예문 그의 말은 항상 부드럽고 달콤하지만, 행동은 **구밀복검**처럼 냉정하고 비밀스러웠다.

口	蜜	腹	劍
입 구	꿀 밀	배 복	칼 검

◆◇◆
구밀복검 口蜜腹劍

친절한 말로 다가오는 사람의 진심은
언제나 조심스럽게 살펴야 한다.
그 뒤에 숨겨진 의도가 무엇인지 알아야 한다.

- 로버트 그린 (Robert Greene) -

친절하다고 해서, 그 마음까지 따뜻한 것은 아니며,
그 이면의 진실을 볼 줄 아는 지혜가 필요합니다.

12 사자성어 명언 필사 2

면종복배 面從腹背
얼굴은[面] 따르지만[從], 배는[腹] 등진다[背]

| 겉으로는 복종하는 체하면서 마음속으로는 배반함 |

면종복배는 직역하면 '얼굴은 따르지만, 배는 등진다'는 뜻입니다.
이 표현은 겉으로는 순종하는 척하지만, 속으로는 반대하거나 배신할 마음을 품고 있음을 비유적으로 나타냅니다.
즉, 겉과 속이 다르고, 표면적으로는 복종하는 듯 보이지만 실제로는 다른 의도를 가지고 있는 상황을 표현할 때 사용됩니다.

• 한자의 발견

面(면) : 갑골문을 보면 길쭉한 타원형 안에 하나의 눈만이 그려져 있다. 사람의 얼굴을 표현한 것으로, 단순히 얼굴만을 뜻하지는 않는다. 사람의 얼굴에서 비롯되는 '표정'이나 '겉모습'이라는 뜻으로도 쓰인다.

예문 그가 **면종복배**한 태도를 고치지 않으면 친구들을 모두 잃게 될 것이다.

面	從	腹	背
낯 면	좇을 종	배 복	배반할 배

면종복배 面從腹背

배신은 칼보다 더 깊은 상처를 남긴다.
칼에 베인 상처는 아물지만,
마음에 남은 상처는 평생 사라지지 않는다.

- 윌리엄 셰익스피어 (William Shakespeare) -

진정한 치유는 배신을 경험하지 않는 것이 아니라,
그 아픔을 통해 더욱 단단하게 성장하는 데 있습니다.

13
사자성어
명언 필사 2

토사구팽 兎死狗烹
토끼가[兎] 죽으면[死] 사냥개를[狗] 삶는다[烹]

| 필요할 때는 쓰고 필요 없을 때는 버리는 경우 |

토사구팽은 직역하면 '토끼가 죽으면 사냥개를 삶는다'는 뜻입니다.
이 표현은 중국의 고사에서 유래한 것으로, 필요할 때는 귀하게 쓰다가도 그 필요가 없어지면 버려지는 상황을 비유적으로 나타냅니다.
즉, 어떤 목적을 달성한 후에 더 이상 쓸모가 없어지면 그동안 충실히 헌신한 사람도 버려질 수 있음을 경고하는 의미로 사용됩니다.

• 관련된 성어

배은망덕(背恩忘德) : 남한테 입은 은덕을 저버림.
염량세태(炎凉世態) : 세력 있을 때는 아첨하며 권세가 없어지면 푸대접하는 세상인심.

예문 그녀는 자신이 **토사구팽**의 희생양이 된 것을 알고는 회사를 그만두었다.

兎	死	狗	烹
토끼 토	죽을 사	개 구	삶을 팽

◆◇◆
토사구팽 兎死狗烹

필요할 때는 이용하고, 필요 없으면 버리는
자본주의의 논리는 오래전부터 있어왔다.
그러나 인간관계마저 그렇게 되어서는 안 된다.

- 앙드레 지드 (Andr Gide) -

인간관계는 필요에 따라 맺는 거래가 아니라,
신뢰와 진실의 온기로 이어지는 소중한 인연입니다.

14 사자성어 명언 필사 2 | 소리장도 笑裏藏刀

웃음[笑] 속에[裏] 칼을[刀] 감춘다[藏]

| 겉으로는 웃고 있으나 마음속에는 해칠 마음을 품고 있음 |

소리장도는 직역하면 '웃음 속에 칼을 감춘다'라는 뜻입니다.
이 표현은 겉으로는 친절하고 웃는 얼굴을 하면서도 속으로는 해칠 생각을 품고 있음을 비유적으로 나타냅니다.
즉, 사람의 이중적인 태도나 속임수를 경계하라는 말로, 겉으로는 다정하고 친절해 보이지만, 실제로는 배신하거나 해를 입히려는 의도를 가지고 있는 사람을 표현할 때 사용됩니다.

- **관련된 유의어**
  소중유검(笑中有劍): 웃음 속에 칼이 있다는 뜻.
  소중유도(笑中有刀): 웃음 속에 칼이 있다는 뜻.

예문 정치인 중에서도 **소리장도** 같은 이들이 많아서 누구를 믿어야 할지 고민하게 될 때가 있다.

笑	裏	藏	刀
웃을 소	속 리(이)	감출 장	칼 도

◆◇◆
소리장도 笑裏藏刀

겉으로 다정하게 행동하며,
뒤로는 칼날을 숨긴 이들에 대한
신뢰는 언제나 위험하다.

- 톰 페터스 (Tom Peters) -

우리가 진정으로 믿을 수 있는 사람은
겉모습이 아닌, 속마음에서 진심이 드러나는 사람입니다.

15 사자성어 명언 필사 2

일거양득 一擧兩得

한 번의[一] 행동으로[擧] 두 가지를[兩] 얻는다[得]

| 한 번의 행동으로 두 가지 이익을 얻는다 |

일거양득은 직역하면 '한 번의 행동으로 두 가지를 얻는다'라는 뜻입니다.
즉, 한 가지 일을 하여 두 가지 좋은 결과를 얻는 상황을 의미합니다.
하나의 목표를 달성하면서 다른 부수적인 이득까지 얻는 일이 있을 때 사용됩니다. 또한 효율적이고 똑똑하게 결과를 도출해내는 상황을 표현할 때 유용한 말입니다.

• **관련된 유의어**

일석이조(一石二鳥) : 한 개의 돌로 두 마리 새를 맞힌다.
일거이득(一擧二得) : 한 번의 행동으로 두 가지를 얻다.
일석쌍조(一箭雙鳥) : 화살 하나로 수리 두 마리를 떨어뜨린다.

예문 태양광 발전으로 전기를 생산하면서 지구온난화를 줄이는 것은 **일거양득**이다.

一	擧	兩	得
한 일	들 거	두 량(양)	얻을 득

일거양득 一擧兩得

진정한 지혜는
최소한의 노력으로 최대한의 결과를 얻는 것이다.
그것은 단순히 일을 빨리 처리하는 것이 아니라,
올바른 일을 올바르게 처리하는 것이다.

- 피터 드러커 (Peter Drucker) -

어떤 일을 할 때 중요한 것은 얼마나 빨리 하는지가 아니라,
얼마나 올바르게 그 일을 처리하느냐에 달려 있습니다.

16 사자성어 명언 필사 2

금상첨화 錦上添花

비단[錦] 위에[上] 꽃을[花] 더한다[添]

| 좋은 일 위에 더 좋은 일이 더하여짐 |

금상첨화는 직역하면 '비단 위에 꽃을 더한다'라는 뜻입니다.
이 표현은 이미 아름답고 훌륭한 것에 더욱 아름다움을 더하거나, 이미 좋은 상황에 더 좋은 일이 추가되는 것을 비유적으로 나타냅니다.
즉, 이미 완벽한 상태에 더욱 완벽함을 더하는 상황을 표현할 때 사용됩니다.

• 관련된 반의어

설상가상(雪上加霜) : 눈이 내리는 위에 서리까지 더한다는 뜻.
설상가설(雪上加設) : 어려운 일이나 불행이 겹쳐서 일어남.

예문 이 재킷은 값도 싸고 따뜻하기까지 해서 **금상첨화**야.

錦	上	添	花
비단 금	윗 상	더할 첨	꽃 화

금상첨화 錦上添花

진정한 아름다움은 이미 완벽한 것에 있는 것이 아니라,
사랑의 손길에 의해 완벽하게 만들어지는 것이다.

- 빅토르 위고 (Victor Hugo) -

진정한 아름다움은 외적인 완벽함이 아니라,
사랑과 정성이 담긴 금상첨화의 손길로 만들어 지는 것입니다.

17 사자성어 명언 필사 2

어부지리 漁夫之利

어부[漁][夫]의[之] 이익[利]

| 두 사람이 다투고 있는 사이에 제삼자가 이익을 보게 됨 |

어부지리는 직역하면 '어부의 이익'이라는 뜻입니다.
황새가 조개를 잡아먹으려 하자 조개가 입을 다물어 황새의 부리를 물어버렸습니다. 그로 인해 둘 다 움직이지 못하고 있을 때, 어부가 나타나 둘 다 쉽게 잡아 이익을 보게 되었다는 이야기에서 유래되었습니다.
이 표현은 다른 사람들이 서로 경쟁하거나 다투는 틈을 타서 아무런 노력 없이 이득을 보는 것을 표현할 때 사용됩니다.

• 관련된 성어
방휼지쟁(蚌鷸之爭) : 황새와 조개의 싸움에 어부가 둘 다 잡음.
견토지쟁(犬兔之爭) : 개와 토끼의 싸움에 제삼자가 이익을 봄.

예문 두 회사가 경쟁하는 사이, A 회사는 **어부지리**로 큰 이익을 얻었다.

漁	夫	之	利
고기 잡을 어	지아비 부	갈 지	이로울 리(이)

어부지리 漁夫之利

어두 사람이 같은 것을 놓고 싸울 때,
세 번째 사람은 그 기회를 잡을 것이다.

- 이솝 (Aesop) -

두 사람의 갈등 속에서, 조용히 한 발 물러나
흐름을 읽는 자에게 비로소 기회는 찾아옵니다.

18 사자성어 명언 필사 2

박리다매 薄利多賣

이익을[利] 적게[薄] 보고 많이[多] 판다[賣]

| 이익을 적게 보고 많이 팔아 이문을 올림 |

박리다매는 직역하면 '이익을 적게 보고 많이 판다'는 뜻입니다.
薄利(박리)는 이익을 적게 남긴다는 의미와, 多賣(다매)는 많이 판매한다는 의미입니다.
이는 소량의 이익을 남기면서 대량으로 물건을 팔아 총 이익을 늘리는 경영 전략을 의미합니다. 때로는 과도한 저가 경쟁을 비판하는 맥락에서도 사용될 수 있습니다.

• 관련된 성어
다다익선(多多益善) : 많을수록 더욱 좋다는 의미.
염가판매(廉價販賣) : 싼 가격으로 판매하는 것을 의미.

예문 온라인 쇼핑몰은 **박리다매** 전략을 통해 낮은 가격으로 경쟁력을 유지한다.

薄	利	多	賣
엷을 박	이로울 리(이)	많을 다	팔 매

◆◇◆
박리다매 薄利多賣

거대한 부는 한순간에 만들어지는 것이 아니다.
작은 이익을 소중히 여기고, 그것을 반복할 때
비로소 커다란 성공을 이루게 된다.
장사는 결국 신뢰와 꾸준함에서 나온다.

- 존 D. 록펠러 (John D. Rockefeller) -

작은 이익이라도 포기하지 않고 노력한다면,
마침내 당신은 커다란 결실을 맺게 될 것입니다.

19 사자성어 명언 필사 2 | 백해무익 百害無益

백 가지[百] 해로움만[害] 있고, 이로움은[益] 없다[無]

| 온통 해롭기만 하고 하나도 이로울 것이 없음 |

백해무익은 직역하면 '백 가지 해로움만 있고 이로움은 없다'는 뜻입니다.
이 표현은 어떤 상황이나 행동이 전혀 좋은 점이 없고 오직 나쁜 결과만 초래함을 표현할 때 쓰입니다.
예를 들어, 건강을 해치는 나쁜 습관이나 중독성 있는 흡연이 그렇습니다.
즉, 어떤 선택이나 행동이 가져올 수 있는 부정적인 결과를 경고하는 의미로 자주 사용됩니다.

• 관련된 성어
  이해타산(利害打算) : 이로움과 해로움을 따져 헤아리는 일.
  이해득실(利害得失) : 이로움과 해로움 및 얻음과 잃음.
  득불상실(得不償失) : 얻는 것보다 잃는 것이 많음.

예문 흡연은 **백해무익**한 것으로, 금연이 건강을 지키는 데 필수적이다.

百	害	無	益
일백 백	해할 해	없을 무	더할 익

백해무익 百害無益

독이 든 성배는 아무리 아름답더라도 마시지 말라.
겉으로는 매력적이지만, 내부에는 치명적인 위험이 숨어 있다.
현명한 사람은 외관보다 본질을 본다.

- 서양 속담 -

겉모습에 매혹되지 말고, 본질을 바라보아야 합니다.
진정한 가치는 그 속에 담긴 진실과 본질에 있습니다.

20 가롱성진 假弄成眞

사자성어
명언 필사 2

거짓으로[假] 희롱한[弄] 것이 진짜로[眞] 이루어짐[成]

| 장난삼아 한 것이 진짜로 이루어짐 |

가롱성진은 직역하면 '거짓으로 희롱한 것이 진짜로 이루어진다'는 뜻입니다. 이 표현은 사소한 농담이나 장난이 반복되면서 실제로 믿어지게 되거나 거짓된 행위가 반복되면서 진실로 여겨지는 상황을 표현할 때 사용되는 말입니다. 거짓이나 꾸밈으로 진실처럼 보이게 하려는 행위에 대한 경고의 의미도 내포하고 있습니다.

• 관련된 성어

농가성진(弄假成眞) : 장난삼아 한 것이 진심으로 한 것과 같이 됨.
허장성세(虛張聲勢) : 실속은 없으면서 겉으로만 큰소리를 치며 위세를 부림.

[예문] 거짓말로 상황을 **가롱성진**하게 만들지 말고, 정직하게 행동해야 한다.

假	弄	成	眞
거짓 가	희롱할 롱(농)	이룰 성	참 진

가롱성진 假弄成眞

우리가 자주 속는 것은
그 속임수가 너무 매력적이어서가 아니라,
우리가 보고 싶어 하는 것만 보기 때문입니다.

- 유리 카르스탄 (Yuri Karsan) -

우리는 종종 진실보다 거짓된 아름다움을 쫓아
진실을 외면한 채 살아가고 싶을 때가 있습니다.

21 사자성어 명언 필사 2

어불성설 語不成說
말이[語] 되지[成] 못하는[不] 말[說]

| 이치에 맞지 않아 말이 도무지 되지 않음 |

어불성설은 직역하면 '말이 되지 못하는 말'이라는 뜻입니다.
말이나 이야기가 일관성 없거나, 논리적으로 맞지 않아 의미가 통하지 않음을 뜻하는 말입니다.
이 표현은 주로 사람들의 주장을 부정하거나 그 주장이 잘못되었을 때, 또는 말의 내용이 그 자체로 논리적이지 않다고 느낄 때 사용됩니다.

• 관련된 성어
  만불성설(萬不成說) : 이치에 맞지 않아 말이 도무지 되지 않음.
  일구이언(一口二言) : 한 입으로 두말을 한다는 뜻.
  자기모순(自己矛盾) : 기의 생각이나 주장이 앞뒤가 맞지 않는 일.

예문   증거도 없이 그런 말을 하다니 **어불성설**이지.

語	不	成	說
말씀 어	아니 불	이룰 성	말씀 설

◆◇◆
어불성설 語不成說

사람들은 종종 말의 그럴듯한 겉모습에 현혹되지만,
깊이 들여다보면 모순과 오류가 가득하다.
진실이 아닌 말은 결국 자신을 무너뜨리는 함정이 된다.

- 미하일 바쿠닌 (Mikhail Bakunin) -

겉만 번지르르한 거짓은 결국 드러나지만,
진실은 흔들리지 않는 신뢰를 단단하게 만들고 세워갑니다.

22 사자성어 명언 필사 2

동문서답 東問西答

동쪽을[東] 묻는데[問] 서쪽을[西] 대답한다[答]

| 질문과는 전혀 상관없는 엉뚱한 대답 |

동문서답을 직역하면 '동쪽을 묻는데 서쪽을 답하다'는 뜻입니다.
질문과 전혀 상관없는 엉뚱한 대답을 하는 것을 의미합니다.
상대방의 의도를 제대로 파악하지 못하거나, 애초에 대화의 흐름을 이해하지 못한 경우에 발생합니다.
때로는 일부러 질문을 회피하거나 다른 이야기로 넘어가려는 의도로 사용되기도 합니다.

• 관련된 성어

문동답서(問東答西) : 물음과는 전혀 상관없이 엉뚱한 대답을 함.
문왈답왈(問曰答曰) : 묻는 말과 대답이 서로 맞지 않음을 뜻함.

예문 스캔들에 대해 기자가 질문을 했지만, 정치인은 **동문서답**으로 회피하려고 했다.

東	問	西	答
동녘 동	들을 문	서녘 서	대답 대

동문서답 東問西答

대화는 단순히 말을 교환하는 것이 아니라,
서로의 생각을 이해하고, 서로를 더 깊이 알기 위한 과정이다.
만약 우리가 그 본질을 놓친 채, 엉뚱한 대답을 한다면
대화는 결국 허상에 불과하다.

- 데이비드 봄 (David Bohm) -

대화는 서로의 마음을 이해하는 과정이며,
본질을 놓친 대답은 의미 없는 말로 끝날 뿐입니다.

23 사자성어 명언 필사 2

금시초문 今時初聞

이제야[今] 비로소[時] 처음[初] 듣는다[聞]

| 이제야 처음으로 들음 |

금시초문을 직역하면 '이제야 비로소 처음 듣는다'는 뜻입니다.
'오늘 처음 듣다' 또는 '이번에 처음 듣다'라는 뜻을 가지고 있습니다.
즉, 이전에는 듣거나 접한 적이 없는 새로운 정보나 사실을 처음 알게 되었을 때 사용합니다.
예를 들어, 누군가가 전혀 알지 못했던 새로운 사실이나 이야기를 들었을 때 이를 표현할 수 있습니다.

• **한자의 발견**

今(금) : 合(합할 합)과 비슷한 모양의 글자로, 시간, 세월이 흐르고 쌓여 지금에 이르렀다는 의미에서 '지금', '이제', '오늘', '곧', 이라는 뜻이 생성되었다.

예문 그는 그녀와의 열애설에 대해 **금시초문**이라고 해명했다.

今	時	初	聞
이제 금	비로소 시	처음 초	들을 문

금시초문 今時初聞

배움이란 단지 무엇을 아는 것이 아니라,
내가 모르는 것을 알게 되는 과정이다.
새로운 사실을 알게 되는 순간,
우리는 비로소 진정한 지식을 향해 나아간다.

- 아이작 뉴턴 (Isaac Newton) -

배움이란 이미 알고 있는 것을 쌓아가는 일이 아닙니다.
내가 무엇을 모르는지 깨닫고, 그 공백을 채워가는 길입니다.

24 마이동풍 馬耳東風
사자성어 명언 필사 2

말의[馬] 귀에[耳] 부는 동쪽[東] 바람[風]

| 남의 말에 귀 기울이지 않고 그냥 지나쳐 흘려 버림 |

마이동풍을 직역하면 '말의 귀에 부는 동쪽 바람'이라는 뜻입니다.
이 표현은 아무리 중요한 말이나 충고를 해도 전혀 영향을 받지 않거나 귀담아 듣지 않는 상태를 뜻합니다.
예를 들어, 누군가가 좋은 조언을 해도 그 사람은 전혀 듣지 않거나 무시할 때 이 표현을 사용합니다.

• 관련된 성어
 어불성설(語不成說) : 말이 조금도 사리에 맞지 않음.
 무심불경(無心不經) : 마음이 없으면 아무리 중요한 말을 해도 효과가 없다.

예문 그들은 내 말을 들은 체 만 체 **마이동풍**으로 먼 산만 쳐다보고 있었다.

馬	耳	東	風
말 마	귀 이	동녘 동	바람 풍

마이동풍 馬耳東風

사람들은 자신의 오류를 바로잡기보다는,
자기가 이미 알고 있는 것만을 되새기려고 한다.

- 블레즈 파스칼 (Blaise Pascal) -

진정한 성장은 자신의 고집을 내려놓고,
깨달음을 마음으로 받아들이는 데서 시작됩니다.

25 유구무언 有口無言
사자성어 명언 필사 2

입은[有] 있으나[口] 할 말이[言] 없다[無]

| 변명할 말이 없음을 이르는 말 |

유구무언을 직역하면 '입은 있으나 말이 없다'는 뜻입니다.
이 사자성어는 '할 말이 없다' 또는 '말할 수 없는 상황'을 의미합니다.
예를 들어, 어떤 이유로 말할 수 없거나, 할 말이 있지만 말하지 않는 경우, 또는 충격적이거나 당황스러워서 말이 나오지 않는 상황에서 사용됩니다.

• **관련된 성어와 어휘**

언어도단(言語道斷) : 어이가 없어 이루 말로 나타낼 수 없음.

침묵(沈默) : 말을 하지 않고 조용히 있는 것.

무언(無言) : 말이 없음, 아무 말도 하지 않는 상태.

예문 그의 변명은 너무 어처구니없어서 **유구무언**이 되어버렸다.

有	口	無	言
있을 유	입 구	없을 무	말씀 언

유구무언 有口無言

어떤 순간에는 말이 필요하지 않다.
말을 할 수 있는 입이 있지만, 진실을 전달하기 위해선
그 입을 닫는 것이 더 현명할 때가 있다.

- 프리드리히 니체 (Friedrich Nietzsche) -

입을 닫는 것은 단순한 침묵이 아니라,
진정으로 상황을 통찰하는 지혜의 표현입니다.

26 설왕설래 說往說來
사자성어 명언 필사 2

말을[說] 주거니[往] 말을[說] 받거니[來] 함

| 옳고 그름을 따지느라 옥신각신함 |

설왕설래를 직역하면 '말을 주거니 말을 받거니 한다'는 뜻입니다.
이 말은 서로 주고받은 말들이 끝없이 반복되는 상태를 나타냅니다.
주로 의견 차이로 끝없이 논의하거나, 서로의 말을 되풀이하며 불필요하게 논쟁이 이어지는 상황에서 사용됩니다.
종종 논쟁이 과도해지고 결론이 나지 않는 상황에서 표현됩니다.

• **관련된 성어와 어휘**
난상토론(亂上討論) : 어지러운 상태에서의 토론.
의견교환(意見交換) : 의견을 서로 교환한다.

예문 회의는 **설왕설래**로 끝났고, 중요한 사항은 여전히 해결되지 않았다.

說	往	說	來
말씀 설	갈 왕	말씀 설	올 래

설왕설래 說往說來

많은 말이 진리를 밝히는 것이 아니라,
오히려 문제를 더욱 어렵게 만든다.
논쟁보다는 깊은 사색과 침묵이 때로는 더 큰 통찰을 준다.

- 노자 (老子) -

말이 많다고 해서 진실이 드러나는 것이 아닙니다.
때로는 마음속에서 해답을 기다리는 시간이 필요할 때가 많습니다.

27 사자성어 명언 필사 2

이구동성 異口同聲

입은[口] 다르지만[異] 같은[同] 소리를[聲] 냄

| 여러 사람의 말이 한결같음을 이르는 말 |

이구동성을 직역하면 '입은 다르지만 같은 소리를 낸다'는 뜻입니다.
여러 사람이나 여러 의견이 다르지만, 그들이 내는 의견이나 목소리가 동일하다는 뜻입니다.
즉, 다른 사람들이 같은 의견이나 말을 하나로 모을 때 사용하는 표현으로, 모두가 같은 생각이나 입장을 가지고 있을 때 쓰입니다.
예를 들어, 어떤 문제에 대해 사람들이 하나같이 같은 결론을 내거나, 사회적, 정치적 의견이 일치할 때 표현할 수 있습니다.

• 관련된 성어와 어휘

여출일구(如出一口) : 입은 다르나 목소리는 같다는 뜻.

예문 회의에서 모든 직원들이 **이구동성**으로 새로운 정책에 반대한다고 말했다.

異	口	同	聲
다를 리(이)	입 구	같을 동	소리 성

◆◇◆
이구동성 異口同聲

많은 사람들이 하나된 목소리로 말할 때,
그들의 의견은 더 큰 영향력을 발휘한다.
단결된 의지야말로 세상을 변화시킬 수 있는 진정한 힘이다.

- 마할라 노엘 (Mahala Noel) -

한 사람의 목소리가 아니라 많은 사람들의
마음이 모일 때 비로소 진정한 변화는 시작됩니다.

28 사자성어 명언 필사 2

일언반구 一言半句

한마디의[一] 말과[言] 반[半] 구절[句]

| 아주 짧은 말이나 말이 없는 상태 |

일언반구를 직역하면 '한마디의 말과 반 구절'이라는 뜻입니다.
一言(일언)은 한 마디 말을 의미하며, 半句(반구)는 반 구절이라는 의미입니다. 주로 부정적인 의미로 사용되어, 어떤 사람의 말이나 반응이 전혀 없을 때 '일언반구도 없다'라고 표현합니다.

• 관련된 성어

함구무언(緘口無言) : 입을 닫고 아무 말도 하지 않음.
일언반사(一言半辭) : 한 마디 말과 반 마디 말.
묵묵부답(默默不答) : 조용히 아무런 대답을 하지 않음.

예문 그는 변명조차 하지 않고 **일언반구**도 없이 자리를 떠났다.

一	言	半	句
한 일	말씀 언	반 반	글귀 구

일언반구 一言半句

어떤 이들은 자신이 아는 것을 모두 말해야 한다고 생각한다.
그러나 가장 지혜로운 사람들은 필요한 순간에만 말하고,
그 외에는 침묵 속에서 더 깊은 통찰을 얻는다.

- 쇼펜하우어 (Arthur Schopenhauer) -

말을 줄이고 침묵하는 것은 나약함이 아니며,
자신을 통제할 줄 알아야 지혜로운 사람입니다.

29 사자성어 명언 필사 2 | 감언이설 甘言利說

달콤한[甘] 말과[言] 이로운[利] 말[說]

| 달콤한 말과 이로운 조건을 내세워 꾀는 말 |

감언이설을 직역하면 '달콤한 말과 이로운 말'이라는 뜻입니다.
甘言(감언)은 달콤한 말이며, 利說(이설)은 이로운 말의 의미입니다.
즉, 겉으로는 달콤하고 듣기 좋은 말이지만, 실제로는 상대방을 속이거나 유혹하기 위한 말을 의미합니다.
이 표현은 주로 부정적인 맥락에서 사용되며, 상대방을 현혹하거나 자신의 이익을 위해 꾸며낸 말을 비판할 때 쓰입니다.

• 한자의 발견

利(이) : 禾(벼 화)와 刀(칼 도)가 합하여 이루어진 모습으로, '이롭다', '유익하다'는 뜻으로, 벼를 베는 칼의 의미에서 '날카롭다는 의미가 생성되었으나, 후에 '이익'의 의미까지 파생되었다.

예문 **감언이설**로 그녀를 현혹하려 하지 마라.

甘	言	利	說
달 감	말씀 언	이로울 이(리)	말씀 설

감언이설 甘言利說

너의 귀를 즐겁게 하는 말에 쉽게 현혹되지 마라.
그 말의 끝에는 함정이 있을지도 모른다.

- 호메로스 (Homer) -

감정에 휘둘리기보다는, 그 말이
나를 발전시킬 수 있는 것인지 성찰해야 합니다.

30 교언영색 巧言令色

사자성어 명언 필사 2

교묘한[巧] 말과[言] 그럴듯한[令] 얼굴[色]

| 그럴듯하게 꾸며 대는 말과 알랑거리는 태도 |

교언영색을 직역하면 '교묘한 말과 그럴듯한 얼굴'이라는 뜻입니다.
巧言(교언)은 교묘한 말이며, 令色(영색)은 그럴듯한 얼굴색을 의미합니다.
즉, 겉으로는 말솜씨가 좋고 얼굴 표정이 친절해 보이지만, 실제로는 진심이 없거나 속임수가 있는 태도를 의미합니다.
이 표현은 주로 부정적인 맥락에서 사용되며, 속임수나 아첨, 진정성 부족 등을 지적할 때 적절한 표현입니다.

• **한자의 발견**

巧(교) : '공교하다', '솜씨가 있다'는 뜻을 가지며, 장인이 솜씨있게 꾸민다는 의미에서 '겉만 교묘하게 꾸민다'는 의미로 확대되었다.

예문 그는 **교언영색**으로 상사에게 아첨한다.

巧	言	令	色
공교할 교	말씀 언	하여금 령(영)	빛 색

교언영색 巧言令色

아름다운 말은 짧은 시간 동안 귀를 즐겁게 하지만,
진실을 담은 말은 오랫동안 마음을 움직인다.

- 마르쿠스 아우렐리우스 (Marcus Aurelius) -

듣기 좋은 말은 순간의 즐거움을 주지만
진실을 담은 말은 삶의 방향을 바꾸는 힘이 됩니다.

31 미사여구 美辭麗句

사자성어
명언 필사 2

아름다운[美] 말과[辭] 고운[麗] 글귀[句]

| 그럴듯하게 꾸며 대는 말과 알랑거리는 태도 |

미사여구를 직역하면 '아름다운 말과 고운 글귀'라는 뜻입니다.
美辭(미사)는 아름다운 말이며, 麗句(여구)는 화려한 문장을 의미합니다.
즉, 아름답고 화려한 말이나 문장을 의미하는 표현입니다.
주로 긍정적인 맥락에서 문학적, 예술적 표현을 칭찬할 때 사용되지만, 때로는 내용 없이 겉만 화려한 표현을 비판하는 의미로도 쓰입니다.

• 한자의 발견

辭(사) : 죄인들 간에 복잡하게 얽힌 문제를 풀어 심판한다는 의미에서 '말씀', '타이르다', '알리다'라는 뜻을 가지게 되었다.

예문 그의 연설은 **미사여구**로 가득 차 있어 청중들의 마음을 사로잡았다.

美	辭	麗	句
아름다울 미	말씀 사	고울 려(여)	글 귀

미사여구 美辭麗句

언어는 사람의 생각을 반영하지만,
너무 화려한 언어는 그 생각의 깊이를 감추기도 한다.

- 프란시스 베이컨 (Francis Bacon) -

우리는 일상에서 화려한 말들에 매혹되기 쉽지만,
그 속에 숨겨진 의미와 진심을 기억하며 말을 사용해야 합니다.

32 사자성어 명언 필사 2

유언비어 流言蜚語

흘러[流] 다니는 말과[言] 날아다니는[蜚] 소문[語]

| 아무 근거 없이 널리 퍼진 소문 |

유언비어를 직역하면 '흘러 다니는 말과 날아다니는 소문'이라는 뜻입니다.
流言(유언)은 흘러다니는 말이며, 蜚語(비어)는 날아다니는 말이란 의미입니다.
즉, 근거 없이 퍼지는 소문이나 헛소문을 의미합니다.
주로 부정적인 맥락에서 사용되며, 소문이 퍼져 혼란을 일으키거나 피해를 주는 상황을 지칭할 때 쓰입니다. 특히, 악의적으로 퍼지는 소문을 경계하거나 비판할 때 적절한 표현입니다.

• 관련된 성어
  도청도설(道聽塗說) : 근거 없이 거리에 떠도는 소문.
  부언유설(浮言流說) : 항간에 떠돌아다니는 소문.

예문 **유언비어**로 인해 그 배우의 이미지가 크게 손상되었다.

流	言	蜚	語
흐를 류(유)	말씀 언	바퀴 비	말씀 어

유언비어 流言蜚語

잘못된 말이 한번 퍼지면, 그것을 바로잡으려 해도
이미 사람들의 머릿속에 깊이 새겨진 후다.
유언비어의 가장 큰 힘은
그것이 사실인 것처럼 들리게 하는 데 있다.

- 조나단 스위프트 (Jonathan Swift) -

잘못된 말 한 마디가 누군가의 삶을
흔들 수도 있다는 사실을 결코 잊어서는 안 됩니다.

33 단도직입 單刀直入

사자성어
명언 필사 2

하나의[單] 칼로[刀] 곧장[直] 들어간다[入]

| 요점이나 문제의 핵심을 곧바로 말함 |

단도직입을 직역하면 '하나의 칼로 곧장 들어간다'라는 뜻입니다.
單刀(단도)는 하나의 칼을 의미하며, 直入(직입)은 곧장 들어간다는 의미입니다. 즉, 말이나 행동이 매우 직설적이고 직접적인 방식을 의미합니다.
이 표현은 주로 긍정적인 맥락에서 사용되며, 복잡하거나 돌려 말하지 않고 핵심을 바로 짚는 태도를 칭찬할 때 쓰입니다.

• **한자의 발견**

直(직) : 감시하는 눈이 많이 숨어 있으니, 행실을 바르게 해야 한다는 의미에서 '곧다', '바르다'라는 뜻을 가지게 되었다.

예문 그는 **단도직입**으로 자신의 의견을 말했다.

單	刀	直	入
홑 단	칼 도	곧을 직	들 입

단도직입 單刀直入

진실을 말하는 사람은 장황한 수식을 필요로 하지 않는다.
그는 불필요한 겉치레 없이 핵심을 찌르며,
사람들은 그의 말에서 흔들리지 않는 신뢰를 느낀다.

- 랄프 왈도 에머슨 (Ralph Waldo Emerson) -

말의 화려함보다 그 안에 담긴 진실을 더 중요하게 여겨야 합니다.
진실은 과장이나 미사여구 없이도 충분히 힘이 있기 때문입니다.

34 충언역이 忠言逆耳

사자성어
명언 필사 2

바른[忠] 말은[言] 귀에[耳] 거슬린다[逆]

| 충성스럽고 곧은 말은 귀에 거슬린다는 말 |

충언역이를 직역하면 '바른 말은 귀에 거슬린다'라는 뜻입니다.
이 말은 《사기(史記)》〈회남왕전(淮南王傳)〉에 "충언은 귀에 거슬리고, 이로운 행동은 몸에 어렵다."(忠言逆耳而利於行, 毒藥苦口而利於病)에서 나온 말입니다. 바른 말이 듣기에는 거슬리지만 실제로는 듣는 사람에게 큰 도움이 된다는 의미를 담은 표현입니다.
이 표현은 주로 바른 말을 하거나 들을 때의 어려움과 중요성을 강조할 때 사용됩니다.

• 관련된 성어

역이지언(逆耳之言) : 귀에 거슬리는 말이라는 뜻.

예문 **충언역이**를 받아들일 줄 아는 사람이 진정으로 성공한다.

忠	言	逆	耳
충성 충	말씀 언	거스를 역	귀 이

충언역이 忠言逆耳

귀를 기쁘게 하는 말은 가볍게 흩어지지만,
마음을 찌르는 말은 깊이 새겨진다.
듣기 싫은 말을 해주는 이를 멀리하지 말라.
그가 바로 네 인생에서 가장 소중한 사람일지도 모르니까.

- 요한 볼프강 폰 괴테 (Johann Wolfgang von Goethe) -

진심을 담은 충고는 귀에 거슬릴 수 있지만,
우리를 성장하게 만드는 가장 소중한 가르침이도 합니다.

35 사자성어 명언 필사 2

중구삭금 衆口鑠金

여러 사람이[衆] 말하면[口] 쇠도[金] 녹인다[鑠]

| 여론의 힘이 큼을 이르는 말 |

중구삭금을 직역하면 '여러 사람이 말하면 쇠도 녹인다'라는 뜻입니다.
衆口(중구)는 많은 사람의 입을, 鑠金(삭금)은 금속을 녹인다는 의미입니다.
많은 사람의 말이나 여론이 모이면 매우 강력한 힘을 발휘한다는 의미를 담은 표현입니다.
이 표현은 여론의 힘이 긍정적인 변화를 이끌어낼 수도 있지만, 부정적인 소문이 퍼져 큰 피해를 입힐 수도 있음을 경계하는 데 사용됩니다.

• 관련된 성어와 어휘

여론(輿論): 사회적 의견이나 대중의 목소리.
중력이산(衆力移山): 많은 사람이 힘을 합하면 태산도 옮긴다.

예문 **중구삭금**이라, 시민들의 목소리가 모여 부정부패를 척결했다.

衆	口	鑠	金
무리 중	입 구	녹일 삭	쇠 금

중구삭금 衆口鑠金

한 사람의 목소리는 쇠를 부술 수 없지만,
수많은 사람들의 목소리는 쇠를 깎아낸다.
때로는 대중의 의견이 아무리 부정확해도,
그 힘을 이길 수 없다.

- 토마스 페인 (Thomas Paine) -

여론의 힘이 때로는 진실보다 강할 때가 있습니다.
무작정 휩쓸리기보다, 그 안에 담긴 진실을 분별하는 힘이 필요합니다.

36 사자성어 명언 필사 2 | 청빈낙도 清貧樂道

맑고[清] 가난하지만[貧] 도를[道] 즐김[樂]

| 청렴결백하고 가난하게 사는 것을 옳은 것으로 여기고 즐김 |

청빈낙도를 직역하면 '맑고 가난하지만 도를 즐긴다'라는 뜻입니다.
물질적으로는 가난하지만, 정신적으로는 깨끗하고 도덕적 가치를 중시하며 사는 삶의 태도를 의미합니다.
이 표현은 물질적 풍요보다 정신적 풍요를 더 중요시하는 사람들의 삶을 묘사할 때 사용되며, 특히 가난하지만 바르고 깨끗한 삶을 살아가는 사람들을 칭찬할 때 적절한 표현입니다.

• 관련된 성어와 어휘

안빈낙도(安貧樂道) : 가난에 만족하며 도를 즐기는 삶.
청렴결백(淸廉潔白) : 깨끗하고 청렴한 삶.
소박한 삶 : 물질적 욕구를 줄이고 단순하게 삶.

예문 **청빈낙도**의 삶을 사는 그에게서 진정한 행복을 배울 수 있다.

清	貧	樂	道
맑을 청	가난할 빈	즐길 락	길 도

청빈낙도 淸貧樂道

행복은 무엇을 소유하는지가 아니라,
무엇을 즐기느냐에 달려 있다.

- 헨리 데이비드 소로(Henry David Thoreau) -

세상에서 가장 큰 행복은 어떤 마음으로 삶을 바라보고,
자신이 즐길 수 있는 것들을 충분히 누리는 데 있습니다.

37 청렴결백 淸廉潔白

사자성어 명언 필사 2

맑고[淸] 청렴하여[廉] 흠[潔] 없고 깨끗하다[白]

| 성품과 행실이 맑고 깨끗하며 아무런 허물이 없음 |

청렴결백을 직역하면 '맑고 청렴하여 흠 없고 깨끗하다'라는 뜻입니다.
淸廉(청렴)은 깨끗하고 청렴함을, 潔白(결백)은 흠 없이 깨끗함을 의미합니다.
즉, 마음과 행동이 깨끗하고 청렴하며, 어떠한 부정이나 더러움도 없음을 의미하는 표현입니다
이 표현은 특히 공직자나 지도자, 또는 도덕적으로 흠잡을 데 없는 사람을 칭찬할 때 사용되며, 깨끗하고 청렴한 삶을 살아가는 사람들을 묘사할 때 적절한 표현입니다.

• 관련된 성어
  빙청옥결(氷靑玉潔) : 얼음같이 맑고 옥같이 깨끗한 마음.
  순결무구(純潔無垢) : 아주 순수하고 깨끗함.

예문 그는 **청렴결백**한 삶을 살며 항상 정직했다.

淸	廉	潔	白
맑을 청	청렴할 렴(염)	깨끗할 결	흰 백

청렴결백 清廉潔白

내가 청렴을 지키면 비록 가난할지라도 부끄럽지 않고,
내가 부정을 저지르면 아무리 부유해도 떳떳하지 않다.

- 공자 (孔子) -

가난을 두려워하기보다는 부정함을 두려워해야 합니다.
아무리 많은 것을 가져도 양심을 속이는 삶은 풍요롭지 않기 때문입니다.

38 사자성어 명언 필사 2

탐관오리 貪官汚吏

탐욕스럽고[貪] 부정직한[汚] 관리[官][吏]

| 재물을 탐하고 행실이 깨끗하지 못한 관리 |

탐관오리를 직역하면 '탐욕스럽고 부정직한 관리'라는 뜻입니다.
이 말은 공직자에 있는 사람들이 자신의 직책을 이용해 사리사욕을 채우거나 부정한 이득을 취하는 경우를 표현할 때 사용하는 말입니다.
공직에 있는 사람은 도덕적 기준을 지키고, 공정한 업무 수행과 신뢰를 할 수 있는 행동을 해야 한다는 점을 일깨워주는 말입니다.

• **한자의 발견**

貪(탐) : 今(이제 금)과 貝(조개 패)가 합하여 이루어진 모습으로 '탐내다', '탐하다'라는 뜻을 가진 글자이다. 조개(貝)는 재물을 상징하며, 지금 눈앞에 재물이 있으면 물욕이 생긴다는 의미에서 뜻이 생성되었다.

예문 탐관오리들 때문에 국가 경제가 어려워졌다.

貪	官	汚	吏
탐낼 탐	벼슬 관	더러울 오	버슬아치 리(이)

탐관오리 貪官汚吏

탐욕스러운 관리는 국민의 피를 빨아먹고,
부패한 정부는 나라의 기둥을 썩게 만든다.

- 토머스 페인 (Thomas Paine) -

나라가 부패할 때 이를 막을 수 있는 힘은 깨어 있는
시민들의 경계심과 정의에 대한 신념뿐입니다.

39 이합집산 離合集散

사자성어 명언 필사 2

흩어지고[離] 모이며[合] 모이고[集] 흩어짐[散]

| 모였다가 흩어지는 일 |

이합집산을 직역하면 '흩어지고 모이며, 모이고 흩어진다'는 뜻입니다.
離合(이합)은 흩어지고 모임이며, 集散(집산)은 모이고 흩어진다는 의미입니다.
이 말은 사람들이 모였다가 흩어지는 것을 의미하며, 인생의 무상함이나 인간관계의 변화무쌍함을 강조할 때 사용됩니다.
이 표현은 특히 인생의 덧없음과 인간관계의 불확실성을 나타내는 데 적합하며, 중립적이거나 부정적인 맥락에서 사용됩니다.

• 관련된 성어와 어휘

변화무쌍(變化無雙) : 변화가 매우 많고 빠름.
무상(無常) : 덧없고 변하기 쉬움.

예문 이합집산이 인생의 이치라, 오늘의 친구가 내일의 적이 될 수도 있다.

離	合	集	散
떠날 리	합할 합	모일 집	흩을 산

이합집산 離合集散

인연이란 강물과 같아서,
어떤 것은 스쳐 지나가고, 어떤 것은 오래 머물다가 사라진다.
흐름을 막으려 하지 말고, 자연스럽게 받아들여라.

- 헤르만 헤세 (Hermann Hesse) -

인연은 강물처럼 흐르는 것이 자연스러운 것입니다.
인연을 아쉬워하기보다, 머물렀던 순간의 따뜻함을 기억해야 합니다.

40
사자성어
명언 필사 2

추풍낙엽 秋風落葉
가을[秋] 바람에[風] 떨어지는[落] 낙엽[葉]

| 어떤 형세나 세력이 갑자기 기울어지거나 흩어지는 모양 |

추풍낙엽을 직역하면 '가을바람에 떨어지는 낙엽'이라는 뜻입니다.
쇠퇴하거나 무너지는 상황, 또는 자연스러운 변화를 묘사할 때 사용됩니다.
이 표현은 세력의 몰락, 시간의 흐름, 덧없는 삶 등을 강조할 때 적절하며, 문학적이거나 비유적인 맥락에서 자주 사용됩니다.

• 관련된 성어
　백로지한(白露之歎) : 가을 이슬처럼 덧없는 인생의 허무함을 한탄.
　풍전등화(風前燈火) : 바람 앞의 등불처럼 매우 위태로운 상황.
　풍목낙엽(風木落葉) : 바람이 불면 나뭇잎이 떨어지듯, 사람도 늙고 쇠퇴함.

예문　그 정당은 **추풍낙엽**처럼 세력을 잃어갔다.

秋	風	落	葉
가을 추	바람 풍	떨어질 낙(락)	잎 엽

추풍낙엽 秋風落葉

나무에 달린 잎사귀들은 바람 앞에 흔들리다가도 버티지만,
결국 계절이 바뀌면 떨어질 운명이다.
인간의 권력과 영화도 마찬가지다.
오래 지속되는 것은 없다.

- 세네카 (Seneca) -

영원하지 않은 것에 집착하며 불안해하기보다는,
주어진 순간을 온전히 살아가는 것이 진정한 삶이 아닐까요?

41 사자성어 명언 필사 2

문일지십 聞一知十

하나를[一] 들으면[聞] 열을[十] 안다[知]

| 지극히 총명함을 비유한 말 |

문일지십을 직역하면 '하나를 들으면 열을 안다'라는 뜻입니다.
매우 뛰어난 이해력과 통찰력을 가진 사람을 표현하는 말입니다.
이 말은 공자의 제자 자공(子貢)이 스승인 공자를 칭찬하며 사용한 말로 유명합니다.
이 표현은 지적 능력이 뛰어난 사람을 칭찬하거나, 뛰어난 통찰력을 강조할 때 사용됩니다.

• 관련된 성어와 어휘

일석이조(一石二鳥) : 하나의 행동으로 두 가지 이익을 얻음.

통달(通達) : 사물의 이치를 꿰뚫어 이해함.

천재(天才) : 타고난 뛰어난 재능.

예문 그는 **문일지십**의 통찰력으로 문제의 핵심을 파악했다.

聞	一	知	十
들을 문	한 일	알 지	열 십

문일지십 聞一知十

배움이란 단순히 지식을 쌓는 것이 아니다.
한 가지 사실에서 열 가지를 깨닫고,
작은 변화에서 큰 흐름을 읽는 것이 배움의 본질이다.

- 레프 톨스토이 (Leo Tolstoy) -

겉으로 드러난 사실만을 믿는 것이 아니라,
그 속에 숨겨진 의미와 원리를 파악하는 것이 배움의 본질입니다.

42
사자성어
명언 필사 2

격물치지 格物致知

사물의[物] 이치를 탐구하여[格] 앎에[知] 이르다[致]

| 모든 사물의 이치를 끝까지 파고들어 앎에 이름 |

격물치지는 '사물의 이치를 끝까지 파고들어 지식에 이른다'는 뜻입니다.
《대학(大學)》에서 제시된 "8조목(격물, 치지, 성의, 정심, 수신, 제가, 치국, 평천하)" 중 하나로 유교의 중요한 학문적 방법론입니다.
학문적 탐구와 수양의 기본 원리를 강조하며, 사물을 깊이 탐구하고 진리를 깨닫는다는 의미로 표현할 때 사용하는 말입니다.

• 한자의 발견

格(격) : 木과 各이 합하여 이루어진 모습으로, 본래 가지치기한 나무를 뜻하기 위해 만든 글자였으나, 나무의 가지를 다듬어 모양을 바로잡는다는 뜻으로 확대되면서 후에 '바로잡다', '고치다'라는 뜻을 갖게 되었다.

예문 **격물치지**의 정신을 배워 진리에 다가가야 한다.

格	物	致	知
격식 격	물건 물	이를 치	알 지

◆◇◆
격물치지 格物致知

우리가 알수록,
우리가 모르는 것이 더 많다는 것을 깨닫게 된다.
그리고 우리가 지혜를 추구할수록,
우리가 진정으로 가진 지혜가 얼마나 적은지를 인식하게 된다.

- 소크라테스 (Socrates) -

지혜를 추구하는 길은 우리가 얼마나 무지한가를
깨닫는 과정이며, 그 부족함을 인식하여 더 깊이 배우는 길입니다.

43 사자성어 명언 필사 2

불치하문 不恥下問

아랫사람에게[下] 묻는[問] 것을 부끄러워하지[恥] 않음[不]

| 자기보다 못한 사람에게 묻는 것을 부끄러워하지 않음 |

불치하문은 '아랫사람에게 묻는 것을 부끄러워하지 않는다'는 뜻입니다.
不恥(불치)는 부끄러워하지 않음을, 下問(하문)은 아랫사람에게 물음을 의미합니다.
이 표현은 지위나 신분에 상관없이 누구에게든 배울 점이 있다는 것을 인정하고, 배움에 대한 진지한 태도를 보여줄 때 사용됩니다.
배움과 성장을 중요시하는 사람들에게 적합한 표현입니다.

• **한자의 발견**

恥(치) : 耳(이)와 心(심)이 합하여 이루어진 모습으로, 마음속으로 부끄러움을 느낀다는 의미에서 '부끄러워하다', '부끄럽게 여기다'라는 뜻을 가지게 되었다.

예문 좋은 리더는 **불치하문**의 자세로 팀원의 의견을 경청한다.

不	恥	下	問
아니 불	부끄러울 치	아래 하	들을 문

불치하문 不恥下問

배움의 길에서 가장 중요한 것은
자신이 모른다는 사실을 아는 것이다.
그리하여 궁금한 것을 묻고, 질문을 통해 나아가는 것이
진정한 지혜를 향한 첫걸음이 된다.

- 헨리 데이비드 소로 (Henry David Thoreau) -

질문이란 정보를 얻기 위한 도구일 뿐만 아니라,
자신의 생각을 더 깊이 살피고 확장하는 과정이기도 합니다.

44 온고지신 溫故知新

사자성어
명언 필사 2

옛것을[故] 익히고[溫] 새것을[新] 앎[知]

| 옛것을 익히고 그것을 통하여 새것을 앎 |

온고지신을 직역하면 '옛것을 익히고 새것을 안다'는 뜻입니다.
溫故(온고)는 옛것을 익히다, 知新(지신)은 새것을 배운다는 의미입니다.
즉, 과거의 지식을 통해 새로운 지식과 통찰을 얻는다는 말입니다.
이 표현은 학문적 탐구, 교육, 문제 해결 등 다양한 맥락에서 사용되며, 과거의 지식을 연구하고 새로운 지식을 창출하는 중요성을 강조할 때 사용됩니다.

• 한자의 발견

溫(온) : 水(물 수)와 囚(가둘 수), 皿(그릇 명)이 합하여 이루어진 모습으로, '따뜻하다', '데우다', '온순하다'라는 뜻을 가진 글자가 되었다.

예문 온고지신의 정신으로 역사를 연구하면 새로운 통찰을 얻을 수 있다.

溫	故	知	新
따뜻할 온	옛 고	알 지	새 신

온고지신 溫故知新

오래된 것에서 새로운 가치를 발견하는 것이 진정한 창조다.
우리가 과거를 떠나지 않고 그것을 통해 새로운 길을 찾는다면,
인류는 계속해서 발전할 것이다.

- 스티브 잡스 (Steve Jobs) -

과거에서 새로운 가치를 발견하고 그것을 바탕으로
미래를 창조하는 것이 진정한 온고지신의 정신입니다.

45 사자성어 명언 필사 2

타산지석 他山之石

다른[他] 산의[山][之] 돌[石]

| 옛것을 익히고 그것을 통하여 새것을 앎 |

타산지석을 직역하면 '다른 산의 돌'이라는 뜻입니다.
즉, 다른 산의 돌로도 내 산의 옥을 다듬을 수 있다는 의미입니다.
이 표현은 다른 사람이나 사물의 장점을 통해 자신을 발전시킬 수 있다는 뜻으로, 배움과 성장, 겸손한 태도, 다양한 경험의 중요성을 강조할 때 사용됩니다.

• **관련된 성어**

이인위경(以人爲鏡) : 다른 사람을 거울삼아 자신의 행동을 바로잡음
감탄고토(甘呑苦吐) : 남의 경험을 자신에게 유리하게만 받아들이려는 태도를 경계함
반면교사(反面敎師) : 반대되는 사례에서 교훈을 얻음

예문 **타산지석**이라고, 경쟁사의 전략을 배워 우리 회사를 발전시켰다.

他	山	之	石
다를 타	뫼 산	갈 지	돌 석

타산지석 他山之石

현명한 사람은 자기 실수에서 배우고,
더 현명한 사람은 다른 사람의 실수에서도 배운다.

- 오토 폰 비스마르크 (Otto von Bismarck) -

타인의 실수에서도 배울 줄 아는 사람이
진정한 지혜를 가진 사람입니다.

46 사자성어 명언 필사 2

형설지공 螢雪之功
반딧불과[螢] 눈빛으로[雪] 세운 공[之][功]

| 고생 속에서도 꾸준히 공부하여 얻은 보람 |

형설지공을 직역하면 '다른 산의 돌'이라는 뜻입니다.
《진서(晉書)》에 나오는 말로, 차윤(車胤)이 반딧불로 글을 읽고, 손강(孫康)이 눈에 반사된 달빛으로 글을 읽었다는 고사에서 유래되었습니다.
이 표현은 고난 속에서도 학문에 정진하는 끈기와 노력을 강조할 때 사용되며, 특히 어려운 상황에서 성공한 사람을 칭찬하거나 교육적 교훈을 전할 때 적절한 표현입니다.

• 관련된 성어
고진감래(苦盡甘來) : 고생 끝에 즐거움이 온다.
주경야독(晝耕夜讀) : 낮에는 밭을 갈고 밤에는 책을 읽는다는 뜻.
수불석권(手不釋卷) : 손에서 책을 놓지 않는다는 뜻.

예문 그는 **형설지공**의 정신으로 가난 속에서도 공부를 멈추지 않았다.

螢	雪	之	功
반딧불 형	눈 설	갈 지	공 공

형설지공 螢雪之功

끊임없이 노력하는 사람만이 운명을 극복할 수 있다.
바위는 처음 한 번의 도끼질로 깨지는 것이 아니라,
수없이 내려친 후에야 비로소 갈라진다.
노력은 한순간의 열정이 아니라, 오랜 시간 쌓인 힘이다.

- 오비디우스 (Ovidius) -

노력은 한순간의 열정이 아니라,
수많은 시간이 쌓아 놓은 인생의 결과물입니다.

47 괄목상대 刮目相對

사자성어 명언 필사 2

눈을[目] 비비고[刮] 서로[相] 마주함[對]

| 남의 학식이나 재주가 놀랄 만큼 향상된 것을 이르는 말 |

괄목상대를 직역하면 '눈을 비비고 서로 마주한다'는 뜻입니다.
刮目(괄목)은 눈을 비비다, 相對(상대)는 서로 마주보다는 의미입니다. 즉, 누군가의 놀라운 변화나 성과를 보고 감탄하며 새롭게 평가한다는 뜻입니다.
이 표현은 누군가의 급격한 발전이나 변화를 인정하고 칭찬할 때 사용되며, 특히 개인의 성장, 성과 평가, 긍정적인 변화를 강조할 때 적절한 표현입니다.

• **관련된 성어와 어휘**

일취월장(日就月長) : 날로 성장하고, 달마다 발전한다.
탁월(卓越) : 뛰어난 수준에 도달한 상태를 의미함.

예문 그 학생은 **괄목상대**할 만큼 실력이 향상되었다.

刮	目	相	對
긁을 괄	눈 목	서로 상	대할 대

괄목상대 刮目相對

성공이란 한 번의 기회에서 오는 것이 아니라,
매일매일 작은 노력과 지속적인 진전의 결과이다.
그런 변화는 다른 사람들이 보지 못하는 순간에도 서서히 일어난다.

- 토니 로빈스 (Tony Robbins) -

성공은 차곡차곡 쌓인 시간과 노력, 포기하지 않고
다시 일어나는 용기 속에서 완성되는 것입니다.

48 사자성어 명언 필사 2

절치부심 切齒腐心

이를[齒] 갈면서[切] 속을[心] 썩인다[腐]

| 매우 분하여 한을 품음을 이르는 말 |

절치부심을 직역하면 '이를 갈면서 속을 썩인다'는 뜻입니다.
切齒(절치)는 이를 갈다, 腐心(부심)은 마음이 썩다는 의미입니다.
즉, 이를 갈고 마음이 썩을 정도로 분노하거나 원한을 품는다는 뜻입니다.
이 표현은 강렬한 분노나 원한을 표현할 때 사용되며, 특히 복수를 다짐하거나 강한 적개심을 나타낼 때 적절합니다.

• 관련된 어휘

분노(憤怒) : 강렬한 화를 내는 감정.
원한(怨恨) : 깊은 원망과 미움.
복수(復讐) : 원한을 갚기 위해 행동함.

예문 그는 **절치부심**하며 반드시 복수하겠다고 다짐했다.

切	齒	腐	心
끊을 절	이 치	썩을 부	마음 심

◆◇◆
절치부심 切齒腐心

미움과 분노는 당신의 마음을 갉아먹는다.
그리고 그것이 결국 당신의 삶을 지배하게 만든다.

- 앤드류 매튜스 (Andrew Matthews) -

마음을 치유하는 길은 바로
그 미움과 분노를 놓아주는 것에서 시작됩니다.

49 호가호위 狐假虎威

사자성어 명언 필사 2

여우가[狐] 호랑이의[虎] 위세를[威] 빌린다[假]

| 남의 권세를 빌려 위세를 부림 |

호가호위를 직역하면 '여우가 호랑이의 위세를 빌린다'는 뜻입니다.
여우가 호랑이의 위세를 빌려 다른 동물들을 속인다는 의미입니다. 즉, 약자가 강자의 권위를 빌려 위세를 부리는 것을 비유적으로 표현한 말입니다.
이 표현은 약자가 강자의 힘을 빌려 허세를 부리거나 남을 속이는 상황을 비판할 때 사용되며, 특히 허세 부리는 행위나 속임수를 경계할 때 적절한 표현입니다.

• **관련된 어휘**
  허세(虛勢) : 실속 없이 겉만 그럴듯하게 꾸미는 태도.
  권위(權威) : 남을 압도하는 힘이나 영향력.

예문 그는 **호가호위**로 상사의 권력을 이용해 동료들을 압박했다.

狐	假	虎	威
여우 호	거짓 가	범 호	위엄 위

호가호위 狐假虎威

남의 힘을 빌려서 세운 권위는 언제나 허약하다.
결국 그것은 자신을 믿지 않기 때문에
다른 사람에게 의존하는 것이다.

- 랄프 왈도 에머슨 (Ralph Waldo Emerson) -

자신의 믿음을 바탕으로 세운
신뢰와 권위는 시간이 지나도 흔들리지 않습니다.

50 사자성어 명언 필사 2

분서갱유 焚書坑儒

책을[書] 불사르고[焚] 학자들을[儒] 구덩이에[坑] 묻다

| 학문과 사상의 자유를 억압하는 가혹한 정치 |

분서갱유는 중국의 진시황이 학자들의 정치적 비판을 막기 위하여 의약, 점복, 농업에 관한 것을 제외한 민간의 모든 서적을 불태우고, 이듬해 유생들을 생매장한 일에서 유래되었습니다.
이 표현은 지식과 학문에 대한 억압을 상징적으로 표현할 때 사용되며, 특히 지식 탄압의 비극을 비판하거나 역사적 교훈을 강조할 때 적절한 표현입니다.

- **한자의 발견**

  儒(유) : 人(사람 인), 需(구할 수)가 합하여 이루어진 모습으로, 덕을 지닌 사람이나 가르치는 사람을 의미하여 '선비', '유교'라는 뜻을 가진 글자가 되었다.

예문 　**분서갱유**와 같은 지식 탄압은 결국 사회의 발전을 막는다.

焚	書	坑	儒
불사를 분	글 서	구덩이 갱	선비 유

분서갱유 焚書坑儒

책을 태운다고 해서 사람들의 생각까지 불태울 수는 없다.
진리는 시간이 지나면 다시 태어난다.

- 헨리 데이비드 소로 (Henry David Thoreau) -

진리는 인간의 정신 속에 존재하며,
시대가 바뀌어도 살아 숨 쉬는 역사의 흔적입니다.

51 천태만상 千態萬象
사자성어 명언 필사 2

천 가지[千] 모습과[態] 만 가지[萬] 형상[象]

| 사물이 한결같지 않고 각각 모습과 모양이 다름 |

분서갱유를 직역하면 '천 가지 모습과 만 가지 형상'이라는 뜻입니다.
千態(천태)는 천 가지 모습, 萬象(만상)은 만 가지 현상을 의미합니다.
즉, 세상의 다양한 모습과 현상을 의미하는 사자성어입니다.
이 표현은 세상의 무수히 많은 형태와 현상을 포괄적으로 나타낼 때 사용되며,
특히 다양성과 복잡성을 강조할 때 적절합니다.

• 관련된 성어
  형형색색(形形色色) ; 다양한 색과 모양.
  오색찬란(伍色燦爛) ; 다채로운 색깔이나 모습이 빛나는 상태.

예문 **천태만상**의 세상에서 다양한 경험을 쌓는 것이 중요하다.

千	態	萬	象
일천 천	모습 태	일만 만	코끼리 상

천태만상 千態萬象

세상은 다양성과 복잡성으로 가득 차 있다.
어떤 순간에는 모든 것이 혼란스럽게 느껴질 수 있지만,
그 속에서 진리를 찾는 것이 중요하다.

- 헨리 포드 (Henry Ford) -

천태만상의 세상 속에서 서로 다름을 인정하고,
세상과 조화롭게 살아가는 삶의 지혜가 필요합니다.

52 견물생심 見物生心

사자성어
명언 필사 2

물건을[物] 보면[見] 마음이[心] 생긴다[生]

| 어떤 물건을 실제로 보면 가지고 싶은 욕심이 생김 |

견물생심을 직역하면 '물건을 보면 마음이 생긴다'라는 뜻입니다.
見物(견물)은 물건을 보다, 生心(생심)은 마음이 생기다는 의미입니다. 즉, 어떤 물건을 실제로 보면 가지고 싶은 욕심이 생긴다는 뜻을 가지고 있습니다.
이 표현은 외부 환경이 사람의 마음에 미치는 영향을 강조할 때 사용되며, 특히 욕심의 유발, 욕구 관리, 자제력의 중요성을 설명할 때 적절합니다.

• 관련된 성어
물욕지심(物慾之心): 사물을 보고 욕심이 생기는 마음.
안물생심(眼物生心): 눈으로 어떤 대상을 보면 욕심이 생긴다.

예문 **견물생심**으로 인해 예산을 초과해 물건을 사게 되었다.

見	物	生	心
볼 견	물건 물	날 생	마음 심

◆◇◆
견물생심 見物生心

욕망은 끊임없이 더 많은 것을 요구한다.
그것은 우리가 가진 것에 만족하지 못하게 하고,
늘 더 많은 것을 원하게 만든다.

- 프란시스 베이컨 (Francis Bacon) -

욕망은 끝없이 더 많은 것을 요구할 수 있지만,
욕망이 지배하지 않도록 하는 것은 우리 자신에게 달려 있습니다.

53 사자성어 명언 필사 2 | 안분지족 安分知足

편안하게[安] 분수를[分] 알고[知] 만족함[足]

| 편한 마음으로 자기 분수를 지키며 만족할 줄 앎 |

안분지족을 직역하면 '편안하게 분수를 알고 만족함'이라는 뜻입니다.
安分(안분)은 분수를 지키다, 知足(지족)은 만족을 알다는 의미입니다.
즉, 현재의 처지에 만족하고 욕심을 부리지 않는 태도를 뜻하는 말입니다.
이 표현은 삶의 지혜와 만족의 중요성을 강조할 때 사용되며, 특히 욕심을 줄이고 현재에 감사하며 사는 삶의 지혜를 설명할 때 적절합니다.

• 한자의 발견

足(족) : 止(발지)와 口(입 구)가 합하여 이루어진 모습으로 '발', '뿌리', '만족하다'라는 뜻을 가진 글자이다. 족이 부수로 쓰일 때는 대부분이 '발의 동작'이나 '가다'라는 뜻을 의미하게 된다.

예문 **안분지족**의 태도로 살면 불필요한 스트레스를 피할 수 있다.

安	分	知	足
편안할 안	나눌 분	알 지	발 족

안분지족 安分知足

자기의 본분을 다하고 현재 가진 것에
감사하며 사는 것만큼, 삶에서 가장 중요한 것은 없다.
남을 부러워하지 않고, 자신에게 주어진 삶에
만족할 줄 아는 것이야말로 진정한 자유다.

- 엠마 톰슨 (Emma Thompson) -

행복은 더 많은 것을 원하는 것이 아니라.
현재의 소소한 것들에 감사하는 마음에서 오는 것입니다.

54 사자성어 명언 필사 2

소탐대실 小貪大失

작음을[小] 탐하다가[貪] 큰 것을[大] 잃음[失]

| 작은 욕심을 내다가 큰 것을 잃게 됨 |

소탐대실을 직역하면 '작음을 탐하다가 큰 것을 잃음'이라는 뜻입니다. 즉, 작은 이익을 탐내다가 더 큰 손해를 입는 상황을 비유적으로 표현한 말입니다.
이 표현은 탐욕의 위험성을 경계하고, 작은 이익에 눈이 멀어 큰 손실을 초래하지 않도록 주의할 것을 강조할 때 사용됩니다.
특히 경제적 손실, 인간관계, 탐욕의 결과 등을 설명할 때 적절한 표현입니다.

• 한자의 발견

大(대) : '크다', '높다', '많다', '심하다'와 같은 다양한 뜻으로 쓰이는 글자이다. 본래 사람을 정면에서 양팔을 벌린 모양을 본뜬 모습이다.

예문 눈앞의 이익에만 집착하면 **소탐대실**의 우를 범할 수 있다.

小	貪	大	失
적을 소	탐낼 탐	큰 대	잃을 실

소탐대실 小貪大失

작은 이익을 얻기 위해 지나치게 많은 것을 투자하는 것은,
결국 더 큰 손해를 초래할 수 있다. 때로는 큰 것에 집중하고,
작은 유혹에 흔들리지 않는 지혜가 필요하다.

- 로렌스 J. 피터 (Laurence J. Peter) -

작은 이익에 집착하기보다는 큰 목표에 집중하며,
순간의 유혹에 흔들리지 않는 지혜가 행복으로 가는 길입니다.

55 사자성어 명언 필사 2 | 사리사욕 私利私慾

사사로운[私] 이익과[利] 사사로운[私] 욕심[慾]

| 사사로운 이익과 개인적인 욕심 |

사리사욕을 직역하면 '사사로운 이익과 사사로운 욕심'이라는 뜻입니다.
私利(사리)는 개인의 이익, 私慾(사욕)은 개인의 욕심을 의미합니다. 즉, 자신의 이익과 욕망만을 추구하는 이기적인 태도를 비판적으로 표현한 말입니다.
이 표현은 공익보다 사익을 우선시하거나, 개인의 욕심으로 인해 공동체에 해를 끼치는 행위를 지적할 때 사용됩니다.

• 한자의 발견

私(사) : 禾(벼 화)와 (사사 사)가 합하여 이루어진 모습으로, '사사롭다'라는 뜻을 가진 글자이다. (사)는 팔을 안으로 굽힌 모습을 본뜬 것으로 禾(화)를 더해 지극히 '개인적인 것'이라는 뜻이다.

예문 사회 지도층이 **사리사욕**을 채우는 데에만 급급해서는 안 된다.

私	利	私	慾
사사 사	이로울 리(이)	사사 사	욕심 욕

사리사욕 私利私慾

자기만을 위한 욕망에 휘둘리면, 결국
타인과의 관계는 파괴되고, 스스로의 내면도 잃게 된다.
진정한 행복은 개인의 욕망을 초월하여,
더 넓은 세상과 함께 나누는 것에서 온다.

- 헨리 더빈 (Henry Drummond) -

모든 것을 움켜쥐려 하면 결국 빈손이 되고,
나눔을 실천하면 오히려 채워지는 법입니다.

56 초부득삼 初不得三

사자성어 명언 필사 2

처음에[初] 세 가지를[三] 얻지[得] 못한다[不]

| 꾸준히 하면 성공할 수 있다는 것을 이르는 말 |

초부득삼을 직역하면 '처음에는 세 가지를 얻지 못한다'는 뜻입니다.
어떤 일을 시작할 때 처음부터 모든 것을 얻거나 성취하기 어렵다는 것을 나타냅니다.
즉, 처음부터 완벽한 결과를 기대하기보다는 단계적으로 접근하고 노력해야 함을 강조할 때 표현입니다.

• 관련된 성어

삼전사기(三顚四起) : 세 번 넘어지고 네 번 일어난다.
마부작침(磨斧作針) : 도끼를 갈아서 바늘을 만든다는 뜻.

예문 창업 초기의 어려움을 겪으며 **초부득삼**이라는 말을 떠올렸다.

初	不	得	三
처음 초	아니 부	얻을 득	석 삼

◆◇◆
초부득삼 初不得三

처음부터 모든 것이 순조롭게 흘러가는 경우는 없다.
인생에서 가장 중요한 것은 넘어졌을 때
다시 일어나는 법을 배우는 것이다.

- 올리버 골드스미스 (Oliver Goldsmith) -

우리가 넘어지지 않으면, 일어서는 법을 알 수 없듯이.
실패를 경험해야 다시 일어서는 용기를 배울 수 있습니다.

57 자포자기 自暴自棄

사자성어 명언 필사 2

스스로[自] 포기하고[暴] 스스로[自] 버린다[棄]

| 절망 상태에 빠져 스스로 자신을 내버리고 돌보지 않음 |

자포자기를 직역하면 '스스로 포기하고 스스로 버린다'는 뜻입니다.
自暴(자포)는 스스로 포기한다, 自棄(자기)는 스스로 버린다는 의미입니다.
즉, 절망적 상황에서 더 이상 희망을 두지 않고 스스로를 방치하거나, 포기하는 행동을 나타냅니다.
이 표현은 절망적이고, 어떤 해결책도 보이지 않는 상황에서 '더 이상 시도할 의미가 없다'고 느낄 때 사용됩니다.

• 한자의 발견

暴(포) : 햇빛에 곡물을 두 손으로 쬐어서 말리는 모양에서 '드러내다'는 의미에서 후에 '사납다', '난폭하다', '모질다'까지 확대되었다.

예문 그는 실패가 반복되자 모든 것을 포기하고 **자포자기**에 빠져버렸다.

自	暴	自	棄
스스로 자	사나울 포	스스로 자	버릴 기

자포자기 自暴自棄

우리는 언제나 다시 일어설 수 있다.
아무리 큰 고통과 시련이 우리를 짓누르더라도,
자포자기해서는 안 된다.
다시 한 걸음 내디디는 순간, 그때부터 진정한 변화가 시작된다.

- 프리드리히 니체 (Friedrich Nietzsche) -

고통 속에서도 절망하지 않고,
다시 일어서는 용기만이 진정한 변화의 시작이 됩니다.

58 승승장구 乘勝長驅

사자성어
명언 필사 2

승리를[勝] 타고[乘] 멀리[長] 달린다[驅]

| 승리나 성공의 여세를 계속 몰아치다 |

승승장구를 직역하면 '승리를 타고 멀리 달린다'라는 뜻입니다.
乘勝(승승)은 승리를 타다, 長驅(장구)는 멀리 달리다는 의미입니다.
즉, 승리의 기세를 타고 계속해서 앞으로 나아가며 더 큰 성과를 거두는 상황을 뜻합니다.
이 말은 한 번의 성공을 발판 삼아 계속해서 기세를 몰아 성과를 확장해 나가는 모습을 표현할 때 사용됩니다.

- **관련된 성어**
  일취월장(日就月將) : 날로 달로 성장하고 발전함.
  기고만장(氣高萬丈) : 기세가 매우 높고 당당함.
  일사천리(一瀉千里) : 한 번에 쉼 없이 나아가는 모습.

예문 그 팀은 **승승장구**하며 결승전까지 진출했다.

乘	勝	長	驅
탈 승	이길 승	길 장	몰 구

승승장구 乘勝長驅

한 번의 성공은 다음 성공의 시작이다.
그것은 단순히 끝이 아니라,
새로운 시작이다. 성공의 기운을 타고 계속해서 나아가라.
멈추지 않는 자만이 진정한 성공을 이룰 수 있다.

- 스티븐 코비(Stephen Covey) -

멈추지 않는 자만이 진정한 성공을 이룰 수 있으며
성공은 그 자체로 끝이 아닌, 또 다른 시작을 위한 도전입니다.

59 사자성어 명언 필사 2 | 흥망성쇠 興亡盛衰

홍하고[興] 망함과[亡] 성하고[盛] 쇠퇴함[衰]

| 승리나 성공의 여세를 계속 몰아치다 |

흥망성쇠를 직역하면 '흥하고 망함과 성하고 쇠퇴함'이라는 뜻입니다.
즉, 번영과 쇠퇴, 성공과 실패의 순환이나 변화를 의미합니다.
어떠한 일이든 시간이 흐름에 따라 일어날 수도 있고 사라질 수도 있다는 인생의 변화무쌍한 특성을 나타냅니다.
특히 권력, 부, 명예, 세상에서의 위치 등이 흥망성쇠를 겪는다는 의미로 자주 사용됩니다.

• 관련된 성어와 속담

영고성쇠(榮枯盛衰): 영화롭고 시들고, 성하고 쇠함
흥망성쇠와 부귀빈천이 물레바퀴 돌듯 한다.: 사람의 운수는 돌고 도는 것이어서 늘 변한다는 말.

예문 정치가 잘되고 못한 것에 따라 그 나라의 **흥망성쇠**가 달려 있다.

興	亡	盛	衰
일 흥	망할 망	성할 성	쇠할 쇠

흥망성쇠 興亡盛衰

인간의 모든 것은 처음과 끝이 있다.
마찬가지로, 세상의 번영도 시간이 지나면 쇠퇴하고,
쇠퇴는 다시 번영의 시작이 될 수 있다.

- 윌리엄 셰익스피어 (William Shakespeare) -

어떠한 번영과 쇠퇴도 영원할 수 없듯이
끝이 있으면 시작이 있음을 우리는 기억해야 합니다.

60 사자성어 명언 필사 2

백절불요 百折不撓

백 번[百] 꺾여도[折] 흔들리지[撓] 않는다[不]

| 수없이 많이 꺾여도 굴하지 않고 이겨 나감 |

백절불요를 직역하면 '백 번 꺾여도 흔들리지 않는다'라는 뜻입니다.
百折(백절)은 백 번 꺾이다, 不撓(불요)는 흔들리지 않는다는 의미입니다.
즉, 아무리 많은 어려움과 시련이 닥쳐도 결코 굴하지 않고 끝까지 버티는 강인한 의지와 끈기를 나타냅니다.
이 표현은 어떤 역경에도 굴하지 않고 꿋꿋이 나아가는 불굴의 정신을 표현할 때 사용됩니다.

• **한자의 발견**

折(절) : 手(손 수)와 斤(도끼 근)이 합하여 이루어진 모습으로, 도끼로 나무를 동강 낸 모습을 의미하여 '꺾다', '깍다'라는 뜻을 가진 글자가 되었다.

예문 그의 **백절불요**의 정신은 모든 사람의 본보기가 되었다.

百	折	不	撓
일백 백	꺾을 절	아니 불	구부러질 요

백절불요 百折不撓

끝까지 해내는 사람과 그렇지 못한 사람의 차이는
단 하나, 포기하지 않는다는 점이다.

- 루이스 홀츠 (Lou Holtz) -

성공이란 특별한 사람들이 이루는 것이 아니라,
포기하지 않은 사람들이 만들어가는 것입니다.

61 등하불명 燈下不明
사자성어
명언 필사 2

등잔[燈] 밑은[下] 밝지[明] 않다[不]

| 남의 일은 잘 알 수 있으나 자기 일은 잘 모른다는 말 |

등하불명을 직역하면 '등잔 밑은 밝지 않다'라는 뜻입니다.
'등잔 밑이 어둡다'는 속담 성어로, 어떤 것이 너무 익숙하거나 가까운 곳에 있으면 오히려 제대로 인식하지 못하는 경우를 의미합니다.
이 말은 가까운 것에 대한 무관심이나 무지, 또는 너무 익숙한 것에 대한 무심함을 비판적으로 표현할 때 쓰입니다.

• **관련된 성어와 속담**

근시안적(近視眼的) : 가까운 것만 보이고 먼 미래를 보지 못하는 태도.
가까운 나무만 보고 숲을 보지 못한다 : 눈앞의 작은 것에만 집중하여 전체적인 상황을 보지 못하는 것.

예문 그는 매일 일상에 바빠서 **등하불명**처럼 주변의 작은 행복을 놓치고 있다.

燈	下	不	明
등 등	아래 하	아니 불	밝을 명

등하불명 燈下不明

우리는 무언가를 찾기 위해 먼 길을 떠나지만,
결국 우리가 찾던 것은 언제나 우리 곁에 있었다는
사실을 나중에야 깨닫는다.

- 헨리 데이비드 소로 (Henry David Thoreau) -

우리가 바라는 그 모든 것은 종종 멀리 있는 것이 아니라,
우리가 미처 발견하지 못한 가까운 곳에 존재한다는 사실입니다.

62 사자성어 명언 필사 2

종두득두 種豆得豆
콩을[豆] 심으면[種] 콩을[豆] 얻다[得]

| 원인이 같으면 결과도 같음을 뜻함 |

종두득두를 직역하면 '콩을 심으면 콩을 얻는다'라는 뜻입니다.
'콩 심은데 콩이 난다'는 속담 성어로, 어떤 행동을 하면 그에 상응하는 결과가 따른다는 것을 비유적으로 의미하는 말입니다.
즉, 좋은 일을 하면 좋은 결과가, 나쁜 일을 하면 나쁜 결과가 따른다는 인과응보(因果應報)와도 관련이 있습니다.

• 관련된 성어와 속담
인과응보(因果應報) : 원인과 결과가 정확하게 맞아떨어짐.
자업자득(自業自得) : 자신이 한 행동의 결과를 스스로 받음.
심은 대로 거둔다 : 노력과 행동에 따라 결과가 정해짐.

예문 그는 매일 꾸준히 공부하더니 **종두득두**의 결과로 좋은 성적을 얻었다.

種	豆	得	豆
심을 종	콩 두	얻을 득	콩 두

종두득두 種豆得豆

만약 내가 가지고 있는 능력을 믿지 않는다면,
나는 무엇을 해낼 수 없다.
우리가 얻는 것들은 우리가 노력한 대로만 얻는다.

- 아브라함 링컨 (Abraham Lincoln) -

세상은 공정합니다. 우리가 내딛는 만큼,
믿고 달려가는 만큼, 그에 맞는 결과가 따라오는 것입니다.

63
사자성어
명언 필사 2

오비이락 烏飛梨落
까마귀[烏] 날자[飛] 배[梨] 떨어진다[落]

| 우연의 일치로 의심받거나 오해받게 되어 난처한 상황 |

오비이락을 직역하면 '까마귀 날자 배 떨어진다'라는 뜻입니다.
'까마귀 날자 배 떨어진다'는 속담 성어로, 서로 관련이 없어 보이는 두 사건이 동시에 일어나는 상황을 비유적으로 한 말입니다.
즉, 뜻밖의 일이나 우연한 사건이 연속적으로 일어날 때 쓰이는 표현으로, 어떤 사건이나 상황이 다른 사람에게 의심을 불러일으킬 때 사용됩니다.

• 한자의 발견

梨(이) : 木(나무 목)과 利(이로울 리)가 합하여 이루어진 모습으로, '배나무'라는 뜻을 가진 글자이다. '이로운 나무'라는 뜻으로 쓰임이 적어 주로 지명이나 상호, 배의 종류를 표기할 때만 쓰이고 있다.

예문 그 일이 갑자기 일어났지만, 내가 한 건 아니니까 **오비이락**이라고 할 수 있겠죠.

烏	飛	梨	落
까마귀 오	날 비	배나무 리(이)	떨어질 락(낙)

오비이락 烏飛梨落

우리는 언제나 뜻밖의 상황에 놓이게 되지만,
그 상황을 피할 수 없다면,
그 안에서 우리가 할 수 있는 것을 찾아야 한다.

- 프란츠 카프카 (Franz Kafka) -

뜻밖의 어려움이 다가와도 최선의 선택을 한다면,
모든 어려움은 결국 성장의 기회로 다가올 것입니다.

64 사자성어 명언 필사 2

교각살우 矯角殺牛
소뿔을[角] 바로잡으려다[矯] 소를[牛] 죽인다[殺]

| 결점이나 흠을 고치려다가 정도가 지나쳐 오히려 일을 그르침 |

교각살우를 직역하면 '소뿔을 바로잡으려다 소를 죽인다'라는 뜻입니다.
'소의 뿔을 바로잡으려다 소를 죽인다'는 속담 성어로, 작은 문제를 해결하려다가 오히려 더 큰 문제를 일으키는 상황을 비유적으로 한 말입니다.
즉, 사소한 결점을 고치려다가 전체를 망치는 어리석은 행동을 표현할 때 사용하며, 문제를 해결할 때 전체적인 상황을 고려하지 않고 사소한 부분만 고치려는 태도를 비판적으로 나타내는 데 쓰입니다.

• 관련된 성어
과유불급(過猶不及) : 지나침은 미치지 못한 것과 같다.

예문 나는 작은 문제를 해결하려다 큰 손실을 입어 **교각살우**라는 말을 실감할 수 있었다.

矯	角	殺	牛
바로잡을 교	뿔 각	죽일 살	소 우

◆◇◆
교각살우 矯角殺牛

세부적인 부분을 너무 고치려고 하다 보면,
오히려 전체가 망가질 수 있다.
중요한 것은 큰 그림을 보며 균형을 유지하는 것이다.

- 알프레드 아들러 (Alfred Adler) -

작은 실수에 집착하기보다 큰 방향성을 유지하고,
조화롭고 평정심을 유지하는 것이 성공의 지름길입니다.

65 감탄고토 甘呑苦吐

사자성어
명언 필사 2

달면[甘] 삼키고[呑] 쓰면[苦] 뱉는다[吐]

| 자기 비위에 맞으면 좋아하고 그렇지 않으면 싫어함 |

감탄고토는 '달면 삼키고 쓰면 뱉는다'는 속담 성어입니다.
자기에게 유리한 것만 취하고 불리한 것은 피한다는 뜻입니다.
이 표현은 어떤 사람이 자신에게 이로운 일은 받아들이고 불리한 상황은 피하려 할 때, 혹은 자기 편의만 추구하는 태도를 비판하거나 지적할 때 사용됩니다.

• 관련된 어휘

이기적(利己的) : 자신의 이익만을 추구하는 태도.
편파적(偏頗的) : 한쪽으로 치우친 태도.

예문 그는 자신의 이익에 맞는 법안만 지지하는 **감탄고토**의 모습을 보이는 정치인이다.

甘	呑	苦	吐
달 감	삼킬 탄	쓸 고	토할 토

감탄고토 甘吞苦吐

자기에게 이로운 것만 쫓아가고, 어려운 일은 피하는
사람은 결국 그 어떤 깊이 있는 인생을 살 수 없다.
진정한 성취는 고난을 받아들이고 그것을 극복하는 데 있다.

- 톰 보욧 (Tom Boyat) -

진정한 성취란 스스로 어려움을 극복하여 배운 교훈이
상상도 못할 아름다운 인생을 만들어가는 것에 있습니다.

66 계란유골 鷄卵有骨

사자성어 명언 필사 2

달걀에도[鷄][卵] 뼈가[骨] 있다[有]

| 운이 나쁜 사람은 좋은 기회를 만나도 일이 잘 안 됨을 이르는 말 |

계란유골을 직역하면 '달걀에도 뼈가 있다'는 뜻입니다.
운이 나쁜 사람은 좋은 기회를 만나도 일이 잘 풀리지 않음을 의미합니다.
이 표현은 마치 뼈가 없는 달걀에서조차 뼈가 나와 먹지 못하는 것처럼, 일이 잘 될 법한 상황에서도 뜻하지 않은 장애물이 생겨 좌절하게 되는 상황을 비유할 때 사용합니다.

• **관련된 속담**
  재수 없는 놈은 뒤로 넘어져도 코가 깨진다.
  떡 줄 사람은 생각도 않는데 김칫국부터 마신다.
  가는 날이 장날이다.

예문 친구는 복권에 당첨되었지만, 당첨금을 받기 전에 복권을 잃어버려 불운을 겪고 있으니 **계란유골**이 따로 없었다.

鷄	卵	有	骨
닭 계	알 란	있을 유	뼈 골

◆◇◆
계란유골 鷄卵有骨

어떤 사람들은 쉽게 얻지만,
어떤 사람들은 힘들게 얻으려 해도 끝내 얻지 못한다.
하지만 그 차이는 불운이 아니라 포기하는 태도에 있다.

- 칼 샌드버그(Carl Sandburg) -

운명은 우리의 선택이 아니지만,
그것을 대하는 태도는 온전히 우리의 선택입니다.

67 사자성어 명언 필사 2

결자해지 結者解之
일을 맺은[結] 자가[者] 풀어야[解] 한다[之]

| 일을 저지른 사람이 그 일을 해결하여야 한다는 말 |

결자해지를 직역하면 '일을 맺은 자가 풀어야 한다'는 뜻입니다.
어떤 문제나 갈등을 일으킨 사람이 그 문제를 해결해야 한다는 것을 의미합니다.
즉, 자신이 일으킨 문제는 스스로 해결해야 한다는 책임감을 할 때 사용됩니다.
문제를 일으킨 사람이 그 문제를 해결해야 한다는 책임감과 도의적 의무를 강조하며, 자신의 행동에 책임을 지라는 교훈을 담고 있는 말입니다.

• **관련된 속담**
자기가 놓은 덫에 자기가 걸린다.
제 꾀에 제가 넘어간다.

예문 정치인들은 **결자해지**를 생각하며 선거 공약을 이행하기 위해 노력해야 한다.

結	者	解	之
맺을 결	놈 자	풀 해	갈 지

결자해지 結者解之

누구도 자신의 삶에서 발생한 문제를
다른 사람에게 떠넘길 수 없다.
모든 문제의 시작은 나로부터 시작되며,
그 해결책도 나로부터 시작되어야 한다.

- 앤디 앤드루스 (Andy Andrews) -

나의 삶을 변화시킬 수 있는 유일한 힘은
나에게 있음을 잊지 말아야 합니다.

68 사자성어 명언 필사 2 | 아전인수 我田引水

내[我] 밭에[田] 물을[水] 끌어[引] [들인다]

| 무슨 일을 자기에게 이롭게 되도록 생각하거나 행동함 |

아전인수를 직역하면 '내 밭에 물을 끌어 들인다'는 뜻입니다.
무슨 일이든 자기에게 이롭게 되도록 생각하거나 이기적인 행동을 의미합니다.
즉, 자신의 이익을 위해 공동의 자원을 독점하거나 남의 것을 빼앗는 행위를 표현할 때 사용됩니다.
이 표현은 공동체의 이익을 고려하지 않고 자신만을 위한 행동을 경계하라는 교훈을 담고 있습니다.

• **한자의 발견**

我(아) : '나'라는 뜻을 가진 글자이다. 창과 같은 무기를 들고 있는 모양인데, 몸을 구부려 자신을 드러내는 의미에서 '자신'의 뜻을 가지게 되었다.

예문 그는 항상 **아전인수** 식으로 일을 처리하며, 남들의 의견은 전혀 고려하지 않는다.

我	田	引	水
나 아	밭 전	당길 인	물 수

아전인수 我田引水

자기에게 유리한 방식으로
세상을 해석하려는 경향은 인간 본성의 일면이다.
하지만 세상은 내가 원하는 대로만 흐르지 않는다.
진정한 지혜는 객관적이고 공정한 시각을 갖는 것이다.

- 알프레드 아들러 (Alfred Adler) -

세상은 자신이 원하는 대로만 흐르지 않으며,
객관적이고 공정한 시각을 통해 세상을 바라보아야 합니다.

69 사자성어 명언 필사 2 | 우이독경 牛耳讀經

소귀에[牛][耳] 경[經] 읽기[讀]

| 아무리 가르치고 일러 주어도 알아듣지 못함 |

우이독경을 직역하면 '소귀에 경 읽기'라는 뜻을 가진 속담성어입니다.
아무리 가르치거나 설명해도 이해하지 못하거나 듣지 않는 사람을 의미합니다.
즉, 아무리 좋은 말을 해도 전혀 효과가 없거나 소용이 없음을 표현할 때 사용됩니다.
이 표현은 이해하지 못하거나 듣지 않는 사람에게 아무리 노력해도 소용이 없음을 강조하며, 때로는 포기할 줄도 알아야 한다는 교훈을 담고 있습니다.

- **한자의 발견**
  耳(이) : 오른쪽 귀의 귓바퀴와 귓불을 본뜬 모습으로. '귀', '듣다'라는 뜻을 가진 글자이다.

예문 **우이독경**이라더니, 정말 말을 해도 소용이 없구나.

牛	耳	讀	經
소 우	귀 이	읽을 독	글 경

우이독경 牛耳讀經

말이란 누구에게나 들릴 수 있지만,
그 의미는 누구에게나 똑같이 전달되지 않는다.
중요한 것은 그 말이 마음속에 어떻게 자리 잡는가이다.

- 랄프 왈도 에머슨 (Ralph Waldo Emerson) -

말은 귀로 들려지지만, 그 의미는
마음속에 어떻게 받아드려지느냐에 달려 있습니다.

70 주마간산 走馬看山

사자성어 명언 필사 2

달리는[走] 말에서[馬] 산을[山] 본다[看]

| 사물을 자세히 살펴보지 않고 겉만을 바삐 대충 봄 |

주마간산을 직역하면 '달리는 말에서 산을 본다'는 뜻입니다.
매우 빠르게 지나가면서 대충 보는 것을 비유한 말입니다.
즉, 깊이 있게 관찰하거나 이해하지 않고 대충 훑어보는 태도를 표현할 때 사용됩니다.
이 표현은 깊이 있는 이해나 관찰 없이 대충 보는 태도를 비판적으로 나타내는 데 쓰입니다.

• 한자의 발견

看(간) : 사물을 세심히 관찰하기 위해 눈먼 저리에 손을 갖다 대고 살펴본다는 의미에서 '보다', '바라보다', '관찰하다'라는 뜻을 가지게 되었다.

예문 연구 보고서를 **주마간산**으로 검토하다가 실수를 범해 큰 손실을 보았다.

走	馬	看	山
달릴 주	말 마	볼 간	뫼 산

주마간산 走馬看山

알지 못하면서 아는 체하지 말고,
보았으면서도 깊이 생각하지 않으면 본 것이 아니다.

- 공자 (孔子) -

세상을 깊이 이해하는 사람은 '본 것'을 다시 되새기고,
그것이 무엇을 의미하는지 스스로에게 묻는 사람입니다.

71 망우보뢰 亡牛補牢

사자성어 명언 필사 2

소[牛] 잃고[亡] 외양간[牢] 고친다[補]

| 일이 이미 잘못된 뒤에는 손을 써도 소용이 없음 |

망우보뢰를 직역하면 '소 잃고 외양간 고친다'는 뜻을 가진 속담성어입니다.
일이 이미 잘못된 뒤에는 손을 써도 소용이 없음을 의미하는 말입니다.
즉, 이미 손실이 발생한 후에 대응하는 것을 표현할 때 사용됩니다.
이 표현은 사후에 대책을 마련하는 것보다 사전에 예방하는 것이 더 중요함을
강조하며, 사전 준비의 중요성을 교훈으로 담고 있습니다.

• 관련된 성어

사후약방문(死後藥方文) : 사람이 죽은 후에야 약을 짓는다는 뜻.

망양보뢰(亡羊補牢) : 양을 잃고 우리를 고친다는 뜻.

예문 건강을 잃고 나서야 관리의 중요성을 깨닫는 건 전형적인 **망우보뢰**다.

亡	牛	補	牢
망할 망	소 우	기울 보	우리 뢰(뇌)

◆◇◆
망우보뢰 亡牛補牢

실수를 인정하는 것은 부끄러운 일이 아니다.
진짜 부끄러운 것은 실수를 인정하고도
아무것도 하지 않는 것이다.

- 조지 버나드 쇼 (George Bernard Shaw) -

실수를 방치하는 것은, 결국 같은 실수를
반복하도록 만드는 가장 확실한 방법이라는 것입니다.

72 사자성어 명언 필사 2

풍전등화 風前燈火

바람[風] 앞의[前] 등불[燈][火]

| 매우 위태로운 처지나 오래 견디지 못할 상태 |

풍전등화를 직역하면 '바람 앞의 등불'이라는 뜻입니다.
매우 위태롭고 불안정한 상황을 비유적으로 나타내는 말입니다.
즉, 바람 앞에 놓인 등불처럼 쉽게 꺼질 수 있는 위험한 상태를 표현할 때 사용됩니다.
이 표현은 매우 불안정하고 위험한 상황을 강조하며, 조심하고 신중하게 행동하라는 교훈을 담고 있습니다.

- **관련된 성어**
  - **누란지위(累卵之危)** : 포개놓은 달걀처럼 매우 위태로운 상태
  - **일촉즉발(一觸卽發)** : 조금만 건드려도 폭발할 것 같은 몹시 위급한 상태.

예문 그의 건강이 약화되어 **풍전등화**처럼 언제 쓰러질지 모르는 상황이다.

風	前	燈	火
바람 풍	앞 전	등 등	불 화

풍전등화 風前燈火

인생은 한순간도 안전하지 않다.
하지만 그 속에서 어떻게 살아갈지,
어떻게 대처할지를 선택하는 것이 우리에게 달려 있다.
불안정하고 위험한 순간조차 성장의 기회로 삼을 수 있다.

- 찰스 다윈(Charles Darwin) -

불안한 순간에 굴복하지 않고 성장의 기회로 삼는 자만이,
흔들림 없이 자신만의 길을 뚜벅뚜벅 걸어갈 수 있습니다.

73
사자성어
명언 필사 2

목불식정 目不識丁

눈으로[目] 정자를[丁] 알아보지[識] 못한다[不]

| 한 글자도 읽을 수 없을 정도로 아는 것이 없음을 비유한 말 |

목불식정을 직역하면 '눈으로 정자를 알아보지 못한다'는 뜻입니다.
한 글자도 읽을 수 없을 정도로 무식함을 비유한 말입니다.
즉, 아주 기본적인 글자도 읽지 못할 정도로 무식한 상태를 표현할 때 사용됩니다.
우리 속담에 '낫 놓고 기역자도 모른다'는 말과 비슷한 말입니다.

• 관련된 성어

무지몽매(無知蒙昧) : 무지하고 어리석다.
무식무지(無識無知) : 아무것도 모르고 무식함.

예문 **목불식정**인 그에게는 아무리 쉬운 설명도 소용이 없었다.

目	不	識	丁
눈 목	아닐 불	알 식	고무래 정

목불식정 目不識丁

지식의 바다는 끝이 없지만,
그것을 이해하려는 노력은 사람을 위대하게 만든다.

- 버트런드 러셀 (Bertrand Russell) -

지식의 끝없는 바다를 항해하는 노력은,
결국 사람을 위대하게 만드는 자양분과 같습니다.

74 사자성어 명언 필사 2

동가홍상 同價紅裳

같은[同] 값이면[價] 다홍치마[紅][裳]

| 값이 같거나 똑같은 노력을 들인다면 더 좋은 것을 가짐을 비유한 말 |

동가홍상을 직역하면 '같은 값이면 다홍치마'라는 뜻을 가진 속담성어입니다.
같은 조건이나 비용이라면 더 좋은 것을 선택하는 것이 당연하다는 것을 비유한 말입니다.
즉, 같은 가격이나 노력이라면 더 나은 것을 선택하는 것이 합리적임을 표현할 때 사용됩니다.
이 표현은 현명한 결정의 중요성을 교훈으로 담고 있습니다.

- **한자의 발견**
  紅(홍) : 실에 중국인들이 가장 좋아하는 붉은 색을 가공한다는 의미에서 '붉다', '번창하다'라는 뜻을 가지게 되었다.

예문 동가홍상이라면 더 좋은 것을 선택하는 것이 당연하다.

同	價	紅	裳
한가지 동	값 가	붉을 홍	치마 상

동가홍상 同價紅裳

당신이 가고자 하는 길을 가는 것이 중요합니다. 하지만
그 길이 두 갈래로 나뉘어 있다면, 좋은 길을 선택하는 것이
결국 당신을 더 나은 곳으로 이끌 것입니다.

- 헨리 데이비드 소로 (Henry David Thoreau) -

때로는 험한 길이 있을지라도, 그 길을 선택함으로써
새로운 자신을 발견하고 성장할 수 있는 것입니다.

75 묘두현령 猫頭懸鈴

사자성어
명언 필사 2

고양이[猫] 목에[頭] 방울[鈴] 달기[懸]

| 실행하지 못할 것을 헛되이 논의함을 이르는 말 |

묘두현령을 직역하면 '고양이 목에 방울 달기'라는 뜻을 가진 속담성어입니다. 말로는 쉽지만 실제로 실행하기 어려운 일을 비유적으로 표현한 말입니다.
즉, 이론적으로는 간단해 보이지만 현실에서는 실현하기 어려운 계획이나 아이디어를 표현할 때 사용됩니다.
이론과 현실의 괴리를 강조하며, 실행 가능성을 고려하지 않은 계획을 비판적으로 나타내는 데 쓰입니다.

• 관련된 성어
  묘항현령(猫項懸鈴) : 고양이 목에 방울 달기라는 뜻.

예문 모두가 문제를 지적할 뿐, 해결책을 내놓지 않으니 결국 **묘두현령**이 되었다.

猫	頭	懸	鈴
고양이 묘	머리 두	달 현	방울 령

◆◇◆
묘두현령 猫頭懸鈴

우리는 종종 대담한 계획을 세우지만,
실행에 옮길 순간이 되면 망설인다.
실천 없는 결심은 연기처럼 사라지고,
결국 아무것도 이루지 못한 채 후회만 남는다.

- 니콜로 마키아벨리 (Niccol Machiavelli) **-**

행동이 없으면 아무것도 변하지 않습니다.
기회는 기다리는 것이 아니라 만들어가는 것이기 때문입니다.

76
사자성어
명언 필사 2

경전하사 鯨戰蝦死
고래의[鯨] 싸움에[戰] 새우가[蝦] 죽는다[死]

| 강한 자들이 싸움에 관계도 없는 약한 사람이 피해를 입는 일 |

경전하사를 직역하면 '고래의 싸움에 새우가 죽는다'는 뜻을 가진 속담성어로, 강자들 사이의 다툼에서 약자가 피해를 입는 상황을 비유한 말입니다.
즉, 강한 자들 간의 갈등이나 경쟁에서 약한 자가 희생되는 상황을 표현할 때 사용됩니다.
이 표현은 강자들 간의 갈등에서 약자가 희생되는 불공평한 상황을 비판적으로 나타내는 데 쓰입니다.

• 한자의 발견
死(사) : 뼈만 앙상하게 남아있는 모습과 손을 모으고 있는 사람을 그린 것으로 누군가의 죽음을 애도 한다는 뜻으로, '죽음', '죽다'라는 뜻을 가지게 되었다.

예문 두 나라의 무역 전쟁 때문에 소비자들은 **경전하사**의 피해자가 되었다.

鯨	戰	蝦	死
고래 경	싸움 전	새우 하	죽을 사

경전하사 鯨戰蝦死

대자연의 힘은
때때로 강한 자들 간의 싸움 속에서 약자를 짓밟는다.
그들이 싸우는 동안, 가장 연약한 존재는 전혀 잘못이 없지만,
그 대가를 치르게 된다.

- 프리드리히 니체 (Friedrich Nietzsche) -

우리가 살고 있는 사회는 단지 강자들만의 싸움터가 아니라,
약자들의 삶이 존중받고 보호되는 공간이어야 합니다.

77 이란투석 以卵投石

사자성어 명언 필사 2

달걀로[卵] [以] 돌을[石] 친다[投]

| 아주 약한 것으로 매우 강한 것에 대항하려는 어리석음 |

이란투석을 직역하면 '달걀로 바위를 친다'라는 뜻을 가진 속담성어로, 약한 힘으로 강한 상대를 이기려는 어리석은 행동을 비유적으로 한 말입니다.
즉, 자신의 능력을 넘어서는 무모한 도전을 표현할 때 사용됩니다.
이 표현은 자신의 능력을 객관적으로 판단하지 않고 무리한 도전을 하는 태도를 비판적으로 나타내는 데 쓰입니다.

• 관련된 성어

이란격석(以卵擊石) : 아주 약한 것으로 매우 강한 것에 대항하려는 어리석음.

예문 작은 가게가 대형 마트와 가격 경쟁을 하겠다고 나선 것은 **이란투석**이다.

以	卵	投	石
써 이	알 란	던질 투	돌 석

이란투석 以卵投石

자기 자신을 이해하지 못하고
지나치게 큰 꿈을 꾸는 것은 언제나 실패를 의미한다.
꿈이 크다고 해서 현실이 커지는 것은 아니다.

- 에이브러햄 링컨(Abraham Lincoln) -

큰 꿈을 꾸는 것보다 중요한 것은
그 꿈을 실현할 수 있는 현실적인 준비와 계획입니다.

78 사자성어 명언 필사 2

임갈굴정 臨渴掘井
목말라야[渴] [臨] 우물을[井] 판다[掘]

| 평소에 준비 없이 있다가 일을 당하고 나서야 허둥지둥 서두름 |

임갈굴정을 직역하면 '목말라야 우물을 판다'라는 뜻을 가진 속담성어로, 미리 준비하지 않고 문제가 발생한 후에야 대책을 마련하는 어리석은 행동을 비유적으로 표현한 말입니다.

즉, 사전에 준비하지 않고 급한 상황에서 허둥지둥 해결하려는 태도를 표현할 때 사용됩니다.

- **한자의 발견**

    渴(갈) : 갈라진 혓바닥을 내밀고 있는 모습에, 목이 마르다는 뜻을 표현하여 '목마르다', '갈증이 나다'라는 뜻을 가진 글자가 되었다.

예문 시험 전날 밤에만 공부하는 것은 **임갈굴정**과 같다.

臨	耕	掘	井
임할 림(임)	목마를 갈	팔 굴	우물 정

◆◇◆
임갈굴정 臨渴掘井

우리가 기회를 기다리는 동안,
그 기회를 놓치지 않기 위해 준비하는 것이 무엇보다 중요하다.
기회는 준비된 사람에게만 찾아오며,
그렇지 않으면 기회는 그냥 지나갈 뿐이다.

- 루이스 파스퇴르(Louis Pasteur) -

기회는 기다리는 것이 아니라,
기회를 맞이할 수 있도록 자신을 준비시키는 것이 중요합니다.

79 사자성어 명언 필사 2

걸인연천 乞人憐天

거지가[乞][人] 하늘을[天] 불쌍히[憐] 여긴다

| 자신의 어려운 상황을 하늘에 의지하며 도움을 요청하는 모습 |

걸인연천을 직역하면 '거지가 하늘을 불쌍히 여긴다'라는 뜻입니다.
스스로 노력하지 않고 남에게 도움만을 바라는 어리석은 태도를 비유한 말입니다. 즉, 자신의 노력 없이 남의 도움만을 기대하는 무책임한 행동을 표현할 때 사용됩니다.
이 표현은 자신의 노력과 책임감의 중요성을 강조하며, 남의 도움만을 기대하는 태도를 비판적으로 나타내는 데 쓰입니다.

• 관련된 성어

애걸복걸(哀乞伏乞) : 애처롭게 사정하며 간절히 빌다.
문전걸식(門前乞食) : 이 집 저 집 돌아다니며 빌어먹음.

예문 그는 어려운 상황에 처해, **걸인연천**의 마음으로 하늘에 기도했다.

乞	人	憐	天
빌 걸	사람 인	불쌍히 여길 련(연)	하늘 천

걸인연천 乞人憐天

운명은 때때로 우리에게 필요한 도움을 준비해 놓지만,
그 기회를 놓치지 않으려면 우리가 스스로 준비되어 있어야 한다.

- 에크하르트 톨레 (Eckhart Tolle) -

기회는 준비된 자에게만 주며, 그 기회를
놓치지 않기 위해 우리는 끊임없이 준비해야 합니다.

80 사자성어 명언 필사 2

좌불안석 坐不安席

앉아도[坐] 자리가[席] 편안하지[安] 않다[不]

| 마음이 불안하고 걱정이 되어 가만히 앉아 있지 못하는 상태 |

좌불안석을 직역하면 '앉아도 자리가 편하지 않다'라는 뜻입니다.
마음이 불안하고 초조하여 편안히 앉아 있을 수 없는 상태를 비유한 말입니다.
즉, 걱정이나 불안으로 인해 마음이 편치 않아 안절부절못하는 상황을 표현할 때 사용됩니다.

• 관련된 성어

노심초사(勞心焦思) : 몹시 마음을 쓰며 애를 태움.
여좌침석(如坐針席) : 바늘방석에 앉은 것 같다는 뜻.

예문 중요한 발표를 앞두고 그는 **좌불안석**으로 자리를 뜨지 못했다.

坐	不	安	席
앉을 좌	아니 불	편안할 안	자리 석

좌불안석 坐不安席

불안한 마음은 그 무엇도 얻지 못하게 한다.
마음이 평온하지 않으면, 무슨 일을 해도 불완전하게 된다.

- 존 키츠 (John Keats) -

마음의 평온이 무엇보다 중요한 이유는
목표를 향해 흔들림 없이 나아갈 수 있는 힘이 되기 때문입니다.

81 사자성어 명언 필사 2

등롱망촉 得隴望蜀

농을[隴] 얻고[得] 촉을[蜀] 바라다[望]

| 만족할 줄을 모르고 계속 욕심을 부림 |

등롱망촉은 중국 후한(後漢)의 광무제(光武帝)가 농(隴) 지방을 평정한 후에 다시 촉(蜀) 지방까지 원하였다는 데에서 유래한 말입니다.
한 가지를 얻으면 더 많은 것을 탐내는 인간의 욕심을 비유적으로 표현한 말입니다.
한 가지 성취를 이루면 그 다음 목표를 바라며 만족하지 못하는 탐욕스러운 태도를 표현할 때 사용됩니다.

• 관련된 성어
과유불급(過猶不及) : 지나침은 미치지 못한 것과 같다는 의미.
탐욕무도(貪慾無度) : 탐욕에는 끝이 없다는 의미.

예문 그는 이미 성공을 거두었지만, **등롱망촉**처럼 더 큰 부를 원했다.

得	隴	望	蜀
얻을 득	땅이름 롱	바랄 망	땅이름 촉

170

등롱망촉 得隴望蜀

어떤 사람이 평생을 살면서
더 많은 돈, 더 큰 집, 더 많은 권력을 원하지만,
그가 진정으로 원하는 것은
자신이 이미 가진 것을 인식하고 감사하는 마음이다.

- 마크 트웨인 (Mark Twain) -

외적인 성취나 물질적인 풍요보다 더 중요한 것은
자신이 누리고 있는 모든 것에 대해 감사하는 마음입니다.

82 사자성어 명언 필사 2

언중유골 言中有骨

말[言] 속에[中] 뼈가[骨] 있다[有]

| 예사로운 말 속에 깊은 속뜻이 숨어 있음을 비유한 말 |

언중유골을 직역하면 '말 속에 뼈가 있다'는 뜻입니다.
예사로운 말 속에 깊은 속뜻이 숨어 있음을 비유한 말입니다.
즉, 겉으로는 부드러운 말을 하지만 그 속에는 강한 메시지나 비판이 담겨 있는 상황을 표현할 때 사용됩니다.
이 표현은 말의 겉과 속이 다를 수 있음을 강조하며, 은유적이고 날카로운 표현의 힘을 나타내는 데 쓰입니다.

• 관련된 성어

정문일침(頂門一鍼) : 따끔한 충고나 교훈을 이르는 말.

예문 **언중유골**처럼, 그의 격려의 말 속에는 강한 의지가 담겨 있다.

言	中	有	骨
말씀 언	가운데 중	있을 유	뼈 골

언중유골 言中有骨

가장 진지한 진리는 종종 가장 부드러운 말 속에 숨어 있다.
사람들은 가끔 그것을 쉽게 넘겨버리지만,
그 속에는 반드시 우리가 알아야 할 교훈이 있다.

- 마르쿠스 아우렐리우스 (Marcus Aurelius) -

겉으로 부드럽고 온화한 말 속에 숨겨진 진리는
때때로 우리가 가장 필요한 지혜를 담고 있음을 알아야 합니다.

83 와각지쟁 蝸角之爭

사자성어
명언 필사 2

달팽이의[蝸] 촉각[角] 위에서[之] 싸운다[爭]

| 하찮은 일로 서로 옥신각신 승강이하는 짓을 비유한 말 |

와각지쟁을 직역하면 '달팽이의 촉각 위에서 싸운다'는 뜻입니다.
매우 사소하고 하찮은 일로 벌이는 다툼을 비유적으로 표현한 말입니다.
즉, 달팽이의 작은 뿔 위에서 벌어지는 다툼처럼, 하찮은 문제로 인해 벌어지는 쓸데없는 싸움을 표현할 때 사용됩니다.
이 표현은 사소한 문제에 집착하지 말고 더 중요한 일에 집중하라는 교훈을 담고 있습니다.

• 관련된 성어

소탐대실(小貪大失) : 작은 것을 탐하면 큰 것을 잃게 된다는 뜻.
소소지쟁(小小之爭) : 아주 작고 하찮은 다툼.

예문 사소한 논쟁에 시간을 낭비하는 것은 **와각지쟁**에 불과하다.

蝸	角	之	爭
달팽이 와	뿔 각	갈 지	다툴 쟁

와각지쟁 蝸角之爭

좁은 세계 안에서의 싸움은
끝내 아무런 진전을 이루지 못한다.
큰 목표와 넓은 시야가 없으면,
작은 문제들에만 집착하게 된다.

- 헨리 포드 (Henry Ford) -

작은 문제에 집착하지 않아야, 큰 목표와
넓은 시야를 가지고 성장의 길로 갈 수 있습니다.

84
사자성어
명언 필사 2

금과옥조 金科玉條
금과[金][科] 옥으로[玉] 된 규칙[條]

| 금이나 옥처럼 귀중히 여겨 아끼고 받들어야 할 규범 |

금과옥조를 직역하면 '금과 옥으로 된 규칙'이라는 뜻입니다.
매우 소중하고 지켜야 할 규칙이나 원칙을 비유적으로 표현한 말입니다.
즉, 금과 옥처럼 귀중하고 변함없이 지켜야 할 중요한 규범을 표현할 때 사용됩니다.
이 표현은 중요한 규칙과 원칙의 소중함을 강조하며, 이를 지키는 것이 중요함을 교훈으로 담고 있습니다.

• **관련된 어휘**

천금률(千金律) : 천금처럼 귀중한 법칙.
불문율(不文律) : 문서화되어 있지 않더라도 반드시 지켜야 하는 법칙.

예문 그의 말은 **금과옥조**로 여겨져, 누구도 반박할 수 없었다.

金 科 玉 條
쇠 금   과정 과   옥 옥   법규 조

금과옥조 金科玉條

질서가 없으면 아무것도 존재할 수 없다.
모든 일에는 질서가 있고,
그 질서를 지키는 것이 성공을 보장하는 것이다.

- 프랜시스 베이컨 (Francis Bacon) -

질서를 지키는 것은 단순한 규칙을 따르는 것이 아니라
개인의 삶과 사회발전을 이끄는 중요한 원동력이 됩니다.

85 일석이조 一石二鳥

사자성어
명언 필사 2

한 개의[一] 돌로[石] 두 마리의[二] 새를[鳥] 잡다

| 한 가지의 일로 두 가지 또는 그 이상의 이득을 얻음 |

일석이조를 직역하면 '한 개의 돌로 두 마리의 새를 잡다'는 뜻입니다.
한 가지 행동으로 두 가지 이익을 얻는 상황을 비유적으로 표현한 말입니다
즉, 한 가지 행동으로 두 가지 이익을 얻는 상황을 비유적으로 나타낼 때 사용됩니다.
이 표현은 주로 긍정적인 상황에서 사용되며, 효율적이고 지혜로운 방법을 강조할 때 적합합니다.

• 관련된 성어

일거양득(一擧兩得) : 한 번의 행동으로 두 가지 이득을 얻음.
일전쌍조(一箭雙雕) : 한 개의 화살로 두 마리의 새를 맞힘.

예문 운동을 하면서 스트레스도 풀고 건강도 챙겼어. **일석이조**네.

一	石	二	鳥
한 일	돌 석	두 이	새 조

일석이조 一石二鳥

효율성이란 올바른 일을 하는 것이고,
효과성이란 일을 올바르게 하는 것이다.
이 두 가지를 조화롭게 결합할 때 우리는 더 큰 성취를 이룬다.

- 피터 드러커 (Peter Drucker) -

단순히 '열심히'가 아니라 '올바르게' 일해야 하는 것처럼,
진정한 성취는 효율성과 효과성이 조화를 이룰 때에 가능합니다.

86 사자성어 명언 필사 2

일벌백계 一罰百戒
한 번의[一] 벌로[罰] 백 가지[百] 경계를[戒] 준다

| 한 사람을 벌하여 백 사람을 경계 시킨다 |

일벌백계를 직역하면 '한 번의 벌로 백 가지 경계를 준다'는 뜻입니다.
일벌(一罰)은 한 번의 벌, 백계(百戒)는 백 가지 경계를 준다는 뜻으로, 한 사람에게 벌을 주어 많은 사람들에게 경각심을 일깨우는 것을 의미합니다.
이 표현은 주로 규율, 법, 교육 등에서 엄격함과 경고의 중요성을 강조할 때 사용됩니다.

• **관련된 성어**
  이일경백(以一警百) : 한 사람을 통해 백 사람에게 경고한다.
  징일여백(懲一勵百) : 한 사람을 벌주어 여러 사람을 격려함.

예문 형이 한 번 혼나니 동생도 말을 잘 듣게 되어 **일벌백계**라고 할 만하네.

一	罰	百	戒
한 일	벌할 벌	일백 백	경계할 계

일벌백계 一罰百戒

법이란 단순한 복수의 도구가 아니라,
사회 전체가 배울 수 있도록 하는 교훈의 장치여야 한다.

- 벤저민 디즈레일리 (Benjamin Disraeli) -

법이란 단순히 처벌을 내리는 기계적인 도구가 아니라,
더 나은 사회를 만들기 위한 학습의 장치여야 합니다.

87 화룡점정 畵龍點睛

사자성어 명언 필사 2

용을[畵] 그린[龍] 후 눈동자를[睛] 점찍다[點]

| 무슨 일을 하는 데 가장 중요한 부분을 완성시키는 것 |

화룡점정을 직역하면 '용을 그린 뒤 눈동자 점을 찍다'는 뜻입니다.
화룡(畵龍)은 용의 그림, 점정(點睛)은 눈동자를 점찍다는 뜻으로, 가장 중요한 부분을 마무리하거나, 핵심을 완성하는 것을 비유한 말입니다.
이 표현은 주로 예술, 글쓰기, 프로젝트 등에서 마지막 단계의 중요성을 강조할 때 사용됩니다.

• **관련된 성어**

금상첨화(錦上添花) : 비단 위에 꽃을 더하다.
점입가경(漸入佳境) : 갈수록 더욱 아름다운 경지로 들어서다.

예문 그 작가의 마지막 문장은 정말 **화룡점정**이었어.

畵	龍	點	睛
그림 화	용 룡(용)	점 점	눈동자 정

화룡점정 畵龍點睛

대부분의 사람들은 마지막 1%를 채우지 못한다.
하지만 그 마지막 1%가 차이를 만든다.

- 스티브 잡스 (Steve Jobs) -

어떤 일이든 마무리할 때까지 방심하지 말아야 합니다.
마지막 1%가 우리를 특별하고 다르게 만들어 줄 것이기 때문입니다.

88 사자성어 명언 필사 2

어변성룡 魚變成龍

물고기가[魚] 변하여[變] 용이[龍] 된다[成]

| 아주 곤궁하던 사람이 부귀하게 됨을 이르는 말 |

어변성룡을 직역하면 '물고기가 변하여 용이 된다'는 뜻입니다.
평범한 사람이 큰 성공을 이루거나 높은 지위에 오르는 것을 비유한 말입니다.
즉, 이 표현은 하찮은 존재가 위대한 존재로 변모하는 상황을 표현할 때 사용합니다.
노력과 기회를 통해 누구나 성공할 수 있음을 강조하며, 가능성과 잠재력을 나타내는 데 쓰입니다.

• **관련된 성어**

　일취월장(日就月將) : 날로 달로 성장하고 발전함.

예문 이 작은 회사는 몇 년 만에 **어변성룡**을 이루어 글로벌 기업으로 성장했다.

魚	變	成	龍
물고기 어	변할 변	이룰 성	용 룡(용)

◆◇◆
어변성룡 魚變成龍

사람은 자신이 되고자 하는 것의 그림을 그려야 한다.
그리고 그것을 믿고 끊임없이 노력하면,
그 그림은 현실이 된다.

- 크리스 가드너 (Chris Gardner) -

꿈을 현실로 만들기 위해서는 명확한 비전을 그린 후,
그 그림을 믿고 꾸준히 노력해야 합니다.

89 사자성어 명언 필사 2

권선징악 勸善懲惡

착함을[善] 권장하고[勸] 악함을[惡] 징계함[懲]

| 착한 일을 권장하고 악한 일을 징계함 |

권선징악을 직역하면 '착함을 권장하고 악함을 징계한다'는 뜻입니다.
선을 권장하고 악을 벌하여 사회의 도덕적 질서를 유지하려는 태도를 의미합니다.
즉, 이 표현은 선행을 장려하고 악행을 처벌함으로써 사회의 정의와 도덕을 실현하려는 원칙을 표현할 때 사용됩니다.

• 관련된 성어와 어휘

창선징악(彰善懲惡) : 착한 일을 칭찬하여 드러내고 악한 일을 징벌함.
권계(勸誡) : 착한 일을 권장하고 악한 일을 징계함.

예문 사회가 더욱 정의로워지려면 **권선징악**의 원칙을 지켜져야 한다.

勸	善	懲	惡
권할 권	착할 선	징계할 징	악할 악

권선징악 勸善懲惡

인간은 자신의 행동에 책임을 져야 하며,
선을 행한 자에게는 보상이,
악을 행한 자에게는 벌이 따라야 한다.

- 공자 (孔子) -

선한 길을 걸을 것인가, 아니면 순간의 유혹에 흔들릴 것인가,
그 결정의 선택과 결과는 스스로 감당해야 하는 몫입니다.

90 사자성어 명언 필사 2

백중지세 伯仲之勢
백[伯]과 중[仲]의[之] 세력[勢]

| 서로 우열을 가리기 힘든 형세 |

백중지세를 직역하면 '백과 중의 세력'이라는 뜻입니다.
이 표현은 중국 고대의 형제인 백(伯)과 중(仲)에서 유래했습니다.
백과 중은 형제간의 실력이 거의 비슷하여 누가 더 뛰어난지 판단하기 어려웠다는 이야기에서 유래되어, 두 세력이나 두 사람의 실력이 거의 대등하여 우열을 가리기 어려운 상황을 비유적으로 표현하게 되었습니다.
즉, 두 세력이나 두 사람의 실력이 거의 비슷하여 우열을 가리기 어려운 상황을 표현할 때 사용됩니다.

• 관련된 성어
막상막하(莫上莫下) : 더 낫고 더 못함의 차이가 거의 없음.

예문 두 선수는 모든 면에서 **백중지세**여서 승부를 쉽게 예측할 수가 없다.

伯	仲	之	勢
맏 백	버금 중	갈 지	기세 세

백중지세 伯仲之勢

경쟁이란 적을 만드는 과정이 아니라,
서로를 성장시키는 과정이어야 한다.

- 존 F. 케네디(John F. Kennedy) -

우리가 경쟁 속에서 배울 수 있는 것은 상대를
이기는 법이 아니라, 자신을 성숙하게 발전시키는 방법입니다.

91 명불허전 名不虛傳

사자성어
명언 필사 2

이름이[名] 헛되이[虛] 전해지지[傳] 않는다[不]

| 명성이 헛되이 퍼진 것이 아니라 이름이 날 만한 까닭이 있음 |

명불허전을 직역하면 '이름이 헛되이 전해지지 않음'이라는 뜻입니다.
어떤 사람이나 물건의 명성이 실제와 일치하여 헛되이 전해진 것이 아님을 비유적으로 의미입니다. 즉, 명성이 실제의 가치와 부합하여 그 명성이 정당하다는 것을 표현할 때 사용됩니다.
이 표현은 명성과 실질이 일치함을 강조하며, 그 명성이 정당하다는 것을 나타내는 데 쓰입니다.

• 관련된 성어

명불허득(名不虛得) : 명성은 헛되이 얻을 수 있는 것이 아님.
명실상부(名實相符) : 이름과 실상이 서로 꼭 맞음.

예문 그의 업적은 **명불허전**으로, 수많은 사람들에게 영감을 주고 있다.

名	不	虛	傳
이름 명	아니 불	빌 허	전할 전

명불허전 名不虛傳

누구나 명성을 원하지만, 그것을 얻는 사람은
그것을 얻기 위해 대가를 치룬 사람들이다.

- 루퍼트 머독 (Rupert Murdoch) -

명성을 얻기 위해서는 타고난 재능만큼이나
삶을 책임지고 끊임없는 노력과 대가를 따르게 합니다.

92 각양각색 各樣各色

사자성어 명언 필사 2

각각의[各] 모양과[樣] 각각의[各] 색깔[色]

| 서로 다른 각각의 여러 모양과 빛깔 |

각양각색을 직역하면 '각각의 모양과 각각의 색깔'이라는 뜻입니다.
다양한 종류와 형태가 있음을 비유적으로 표현한 말입니다.
즉, 여러 가지 모양과 색깔로 다양성이 풍부한 상황을 표현할 때 사용됩니다.
이 표현은 다양성과 풍부함을 강조하며, 여러 가지 형태와 특징이 공존하는 상황을 나타내는 데 쓰입니다.

• **관련된 성어**

형형색색(形形色色) : 모양이나 빛깔이 서로 다른 여러 가지.
각인각색(各人各色) : 사람마다 각기 다름.

예문 행사에 참가한 사람들은 **각양각색**의 옷을 입고 있었다.

各	樣	各	色
각각 각	모양 양	각각 각	빛 색

각양각색 各樣各色

세상의 모든 꽃은 각기 다른 색을 가지고 있다.
마찬가지로, 인간도 각자의 고유한 아름다움을 지닌 존재다.

- 알프레드 테니슨 (Alfred Tennyson) -

우리는 각기 다른 고유한 아름다움을 가진 존재이며,
그 다양함이 모여 더욱 아름다운 세상을 만들어갑니다.

93 대동소이 大同小異

사자성어
명언 필사 2

크게는[大] 같고[同] 작게는[小] 다르다[異]

| 대개는 같고 차이가 거의 없다 |

대동소이를 직역하면 '각각의 모양과 각각의 색깔'이라는 뜻입니다.
전체적으로는 비슷하지만 세부적으로는 약간의 차이가 있음을 비유한 말입니다. 즉, 큰 틀에서는 유사하지만 작은 부분에서는 차이가 있는 상황을 표현할 때 사용됩니다.
이 표현은 전체적인 유사성과 세부적인 차이를 강조하며, 두 대상의 공통점과 차이점을 동시에 나타내는 데 쓰입니다.

• 관련된 성어
    소이대동(小異大同) : 대개는 같고 차이가 거의 없다.

예문 이 두 제품은 **대동소이**하여 선택에 큰 차이가 없다.

大	同	小	異
큰 대	같은 동	적을 소	다를 이

대동소이 大同小異

우리가 살아가는 세계는 그다지 다르지 않다.
모두 같은 인간이며, 서로 다른 언어나 문화 속에서도
우리의 본성은 크게 다르지 않다.

- 칼 구스타브 융(Carl Gustav Jung) -

다양한 차이를 인정하는 것만큼이나 중요한 것은,
서로의 가치를 발견하고, 감정을 존중하며 살아가는 것입니다.

94 중언부언 重言復言

사자성어
명언 필사 2

같은[重] 말을[言] 반복한다[復]

| 이미 한 말을 자꾸 되풀이함 |

중언부언을 직역하면 '같은 말을 반복한다'라는 뜻입니다.
같은 말을 되풀이하여 강조하거나 지나치게 반복하는 것을 비유한 말입니다.
불필요하게 같은 말을 반복하거나 지루하게 말을 늘어놓는 상황을 표현할 때 사용됩니다.
이 표현은 불필요한 반복이나 지루함을 비판적으로 나타내는 데 쓰입니다.

• 관련된 성어

만리장설(萬里長舌) : 장황하게 늘어놓는 말.
횡설수설(橫說竪說) : 조리가 없는 말을 함부로 지껄임.

예문 이미 설명한 내용을 **중언부언**하는 것은 불필요하다.

重	言	復	言
거듭할 중	말씀 언	다시 부	말씀 언

◆◇◆
중언부언 重言復言

말을 할 때는 항상 그 말이 필요한지,
또는 그 말을 하지 않아도 될 상황을 먼저 생각해야 한다.
불필요한 말은 단지 혼란만을 야기할 뿐,
진정한 의미를 전달하지 못한다.

- 헨칼릴 지브란 (Khalil Gibran) -

말을 아끼는 것과 침묵은 더 강력한 메시지를
전달하는 지혜가 될 수 있음을 잊지 말아야 합니다.

95 견강부회 牽強附會

사자성어 명언 필사 2

억지로[強] 끌어[牽] 모아[會] 붙이다[附]

| 이치에 맞지 않는 말을 억지로 끌어 붙여 자기에게 유리하게 함 |

견강부회를 직역하면 '억지로 끌어 모아 붙이다'라는 뜻입니다.
견강(牽強)은 강하게 끌다, 부회(附會)는 모아 붙이다는 의미로, 억지로 관련이 없는 것을 연결하거나 무리하게 해석하는 것을 비유적으로 표현한 말입니다.
즉, 논리적이지 않거나 타당성이 없는 주장을 억지로 끼워 맞추는 상황을 표현할 때 사용됩니다.
이 표현은 논리적이지 않은 주장이나 해석을 비판적으로 나타내는 데 쓰입니다.

• 관련된 어휘
자기합리화 : 자신의 잘못이나 잘못된 생각을 합리화하는 것.

예문 그 논리는 **견강부회**에 불과하고, 사실과 맞지 않는 억지 주장이었다.

牽	強	附	會
끌 견	굳셀 강	붙일 부	모일 회

◆◇◆
견강부회 牽強附會

세상에는 다양한 해석이 있을 수 있지만,
그 해석들이 진실을 왜곡하지 않도록 주의해야 한다.
억지로 해석을 붙이거나 사실을 부풀려 주장하는 것은
결국 자신과 타인을 속이는 것이다.

- 마하트마 간디 (Mahatma Gandhi) -

진실을 있는 그대로 받아들이는 것이 가장 중요하며,
억지로 유리하게 해석을 덧붙이면 결국 신뢰를 잃게 됩니다.

96 사자성어 명언 필사 2

속전속결 速戰速決
빠르게[速] 싸워[戰] 빠르게[速] 결판을[決] 내다

| 싸움을 오래 끌지 않고 되도록 빨리 끝장을 냄 |

속전속결을 직역하면 '빠르게 싸워 빠르게 결판을 내다'라는 뜻입니다.
속전(速戰)은 빠르게 싸움, 속결(速決)은 빠르게 결판을 낸다는 의미로, 신속하게 문제를 해결하거나 전쟁을 끝내는 것을 비유한 말입니다.
즉, 빠르게 행동하여 문제를 신속히 해결하는 상황을 표현할 때 사용됩니다.
이 표현은 논리적이지 않은 주장이나 해석을 비판적으로 나타내는 데 쓰입니다.

• 관련된 성어
속전즉결(速戰卽決) : 싸움을 오래 끌지 않고 되도록 빨리 끝장을 냄.
전광석화(電光石火) : 번갯불과 부싯돌 불꽃처럼 매우 빠른 행동.

예문 그는 문제를 **속전속결**로 해결하는 스타일이다.

速	戰	速	決
빠를 속	싸울 전	빠를 속	결단할 결

속전속결 速戰速決

행동 없는 비전은 꿈에 불과하고,
비전 없는 행동은 시간을 낭비하는 것이며,
비전과 행동이 함께할 때 세상을 바꿀 수 있다.

- 조엘 바커 (Joel Barker) -

꿈꾸는 것만큼 중요한 것은 실천하는 것입니다.
작은 실천이 하나하나 모이면 꿈은 현실이 될 것입니다.

97 사자성어 명언 필사 2

난공불락 難攻不落
공격하기[攻] 어렵고[難] 함락되지[落] 않는다[不]

| 공격하기가 어려워 좀처럼 함락되지 않음 |

난공불락을 직역하면 '공격하기 어렵고 함락되지 않는다'는 뜻입니다.
난공(難攻)은 공격하기 어려움, 불락(不落)은 함락되지 않는다는 의미로, 매우 견고하고 공격하기 어려운 상태를 비유한 말입니다.
즉, 어떤 대상이나 상황이 매우 단단하고 공격이나 침투가 거의 불가능한 상황을 표현할 때 사용됩니다.

• 관련된 성어
금강불괴(金剛不壞): 아무리 강한 공격에도 무너지지 않는 상태.
불패불침(不敗不沈): 패배하지 않고 침몰하지 않는다.

예문 그 기업은 뛰어난 기술력 덕분에 **난공불락**의 위치에 있다.

難	攻	不	落
어려울 난(란)	공격할 공	아니 불	떨어질 락

난공불락 難攻不落

자신의 목표를 향해 흔들림 없이
나아가는 사람은 어떤 장애물도 넘을 수 있다.
그들은 바람과 폭풍을 맞아도 그 자리에 서서 결국 목표를 이룬다.

- 조지 엘리엇 (George Eliot) -

목표를 향한 흔들림 없는 의지와 인내는
모든 장애물을 넘어 결국 성공으로 보답할 것입니다.

98 기사회생 起死回生

사자성어
명언 필사 2

죽음을[死] 일으켜[起] 다시[回] 살아남[生]

| 거의 죽을 뻔하다가 도로 살아남 |

기사회생을 직역하면 '죽음을 일으켜 다시 살아남'이라는 뜻입니다.
기사(起死)는 죽음을 일으키다, 회생(回生)은 다시 살아나다는 의미로, 거의 죽을 뻔한 상황에서 기적적으로 살아나는 것을 비유한 말입니다.
즉, 절체절명의 위기에서 기적적으로 회생하거나 상황을 역전시키는 것을 표현할 때 사용됩니다.
이 표현은 극적인 회생이나 역전의 상황을 강조하며, 절망적인 상황에서도 희망을 잃지 말라는 교훈을 담고 있습니다.

• 관련된 성어

구사일생(九死一生) : 죽을 고비를 여러 차례 넘기고 겨우 살아남.

예문 그의 사업은 한때 파산 직전에 있었지만, 새로운 전략으로 **기사회생**을 이뤄냈다.

起	死	回	生
일어날 기	죽을 사	돌아올 회	날 생

기사회생 起死回生

당신이 넘어졌다면, 다시 일어설 수 있다.
절망은 그저 한 걸음 물러나 다시 출발할 기회일 뿐이다.

- 조지 S. 패튼 (George S. Patton) -

실패란, 일어날 의지가 없을 때 찾아오는 것입니다.
하지만 다시 시작한다면, 실패는 희망과 기회가 될 것입니다.

99 공중누각 空中樓閣
사자성어 명언 필사 2

공중에[空][中] 떠 있는 누각[樓][閣]

| 근거 또는 토대가 없는 생각이나 사물을 이르는 말 |

공중누각을 직역하면 '공중에 떠 있는 누각'이라는 뜻입니다.
현실성이 없거나 실현 가능성이 없는 공상적인 계획이나 이상을 비유한 말로, 허황되고 실현 불가능한 꿈이나 계획을 표현할 때 사용됩니다.
이 표현은 현실성 없는 계획이나 이상을 비판적으로 나타내는 데 쓰입니다.

• **관련된 성어와 어휘**

사상누각(沙上樓閣) : 모래 위에 지은 누각이라는 뜻.
화중지병(畵中之餠) : 그림 속의 떡이라는 뜻
신기루(蜃氣樓) : 현실에서는 이룰 수 없는 허황된 꿈이나 이상.

예문 기초가 튼튼하지 않은 계획은 결국 **공중누각**에 불과하다.

空	中	樓	閣
구멍 공	가운데 중	다락 루	집 각

공중누각 空中樓閣

눈앞의 환상에 속아서는 안 된다.
실체 없는 희망은 결국 사라질 것이며,
진정한 성취는 현실적인 노력에서 비롯된다.

- 프랜시스 베이컨 (Francis Bacon) -

환상에 속지 않고, 꿈을 현실로 만드는 길은
결국 꾸준한 노력과 실천에서 시작되는 것입니다.

100 사자성어 명언 필사 2 | 만구성비 萬口成碑

만인의[萬] 입이[口] 비석을[碑] 이룬다[成]

| 많은 사람이 칭찬하는 것은 마치 송덕비를 세우는 것과 같다는 말 |

만구성비를 직역하면 '많은 사람의 입이 비석을 이룬다'는 뜻입니다.
만구(萬口)는 많은 사람의 입, 성비(成碑)는 비석을 이룬다는 의미로, 많은 사람들의 입소문이 마치 비석처럼 오래도록 기억되고 전해짐을 비유한 말입니다.
즉, 많은 사람들이 칭찬하거나 기억하는 것은 오래도록 남는다는 것을 표현할 때 사용됩니다.

• 관련된 성어

중구삭금(衆口鑠金) : 여러 사람이 하는 말은 쇠도 녹일 만큼 강한 힘을 가짐.
일전천금(一傳千金) : 한 번 전해진 말이 천금처럼 가치가 있음.

예문 좋은 말이 쌓이면 결국 **만구성비**가 되어 오래도록 기억될 것이다.

萬	口	成	碑
일만 만	입 구	이룰 성	비석 비

만구성비 萬口成碑

명성은 한순간에 만들어지는 것이 아니라,
시간이 흐르면서 점진적으로 형성되는 것이다.
꾸준한 선행과 정직함이 결국 사람들의 마음을 움직인다.

- 벤저민 프랭클린 (Benjamin Franklin) -

명성은 단순한 화려한 성공에서 오는 것이 아니라,
사람에게 신뢰받을 만한 삶을 살아가는 데서 비롯되는 것입니다.

101
사자성어
명언 필사 2

지행합일 知行合一

앎과[知] 행함이[行] 하나로[一] 합쳐짐[合]

| 지식과 행동이 한결같이 서로 맞음 |

지행합일을 직역하면 '앎과 행함이 하나로 합쳐짐'을 뜻합니다.
이론과 실천이 일치해야 함을 비유적으로 한 말로, 아는 것과 행하는 것이 하나로 일치되어야 한다는 것을 표현할 때 사용됩니다.
이 표현은 이론과 실천의 조화를 강조하며, 아는 것만이 아니라 행하는 것이 중요함을 교훈으로 담고 있습니다.

• 관련된 성어
    언행일치(言行一致) : 말과 행동이 하나로 일치한다는 뜻.
    실사구시(實事求是) : 사실에 입각하여 진리를 탐구하고, 실천을 중시한다는 뜻.

[예문] **지행합일**을 통해 진정한 변화를 이루려면, 생각과 행동이 일치해야 한다.

知	行	合	一
알 지	행할 행	합할 합	한 일

지행합일 知行合一

지식은 힘이 아니라, 실제로 그 지식을
어떻게 활용하느냐에 따라 그 힘이 결정된다.
행동으로 옮겨지지 않는 지식은 아무런 효과도 없다.

- 프랜시스 베이컨 (Francis Bacon) -

우리의 삶을 바꾸는 것은 지식이 아니라,
그 지식을 어떻게 활용하고 실천하느냐에 따라 달라집니다.

102 청출어람 靑出於藍

사자성어 명언 필사 2

푸른색은[靑] 쪽에서[藍][於] 나온다[出]

| 제자가 스승보다 나음을 비유적으로 이르는 말 |

청출어람을 직역하면 '푸른색은 쪽에서 나온다'는 뜻입니다.
제자가 스승보다 더 뛰어나게 됨을 비유한 말로, 스승의 가르침을 바탕으로 제자가 더 높은 경지에 이르는 상황을 표현할 때 사용됩니다.
이 표현은 스승과 제자의 관계에서 제자의 성장과 발전을 강조하며, 배움과 성취의 중요성을 나타내는 데 쓰입니다.

• 관련된 성어와 속담

후생가외(後生可畏) : 뒤에 난 사람은 두려워할 만하다는 뜻.
자식이 부모보다 낫다 : 자식이 부모를 능가하는 경우를 말하는 속담.

예문 후배들이 점점 더 뛰어난 능력을 발휘하며, **청출어람**의 의미를 잘 보여준다.

靑	出	於	藍
푸를 청	날 출	어조사 어	쪽 람

청출어람 靑出於藍

훌륭한 교사는 지식을 전달하는 사람이 아니라
학생들이 스스로 답을 찾을 수 있도록 영감을 주는 사람입니다.

- 익명 -

진정한 배움의 기회를 주기 위해서는 스스로 탐구하고
답을 찾을 수 있는 능력을 키워주는 것이 가장 중요합니다.

103
사자성어
명언 필사 2

경거망동 輕擧妄動

가볍게[輕] 행동하고[擧] 함부로[妄] 움직인다[動]

| 경솔하고 조심성 없이 행동함 |

경거망동을 직역하면 '가볍게 행동하고 함부로 움직인다'는 뜻입니다.
경거(輕擧)는 가볍게 행동함, 망동(妄動)은 함부로 움직임을 의미하는 말로, 신중하지 못하고 경솔하게 행동하는 것을 비유한 말입니다.
즉, 깊이 생각하지 않고 무모하게 행동하는 상황을 표현할 때 사용됩니다.
이 표현은 경솔한 행동을 비판적으로 나타내는 데 쓰입니다.

• 관련된 성어

기고만장(氣高萬丈) : 과도하게 자만하여 신중하지 않은 행동.
경조부박(輕佻浮薄) : 말과 행동이 신중하지 못하고 가벼움.

예문 그가 **경거망동**해서 결국 모든 계획이 틀어졌다.

輕	擧	妄	動
가벼울 경	들 거	망령될 망	움직일 동

경거망동 輕擧妄動

어떤 문제든 급하게 해결하려고 하지 마라.
충분히 생각하고 계획한 후에 행동하는 것이
더 큰 성공을 가져다준다.

- 리처드 브랜슨 (Richard Branson) -

성급한 결정보다는, 철저히 준비된 결단이
훨씬 더 많은 가치를 만들어낸다는 것을 명심해야 합니다.

104
사자성어
명언 필사 2

도불습유 道不拾遺
길에서[道] 물건을[遺] 줍지[拾] 않는다[不]

| 나라가 잘 다스려져 아무도 길에 떨어진 물건을 주워 가지 않음 |

도불습유를 직역하면 '길에서 물건을 줍지 않는다'는 뜻입니다. 《한비자》의 〈외저설(外儲說)〉, 〈좌상편(左上篇)〉에서 나온 말로. 사회가 매우 안정되고 도덕적 질서가 잘 유지되어 물건을 잃어도 줍는 사람이 없을 정도로 신뢰가 넘치는 상태를 비유적으로 표현한 말입니다.
즉, 이상적인 사회에서 사람들이 도덕적으로 완벽하여 잃어버린 물건을 줍지 않을 정도로 신뢰가 넘치는 상황을 표현할 때 사용됩니다.
이 표현은 이상적인 사회의 모습을 강조하며, 도덕과 신뢰의 중요성을 나타내는 데 쓰입니다.

예문 그의 행동은 항상 정직하고 도덕적이어서, 마치 **도불습유**처럼 길에 떨어진 물건을 주울 일조차 없었다.

道	不	拾	遺
길 도	아니 불	주울 습	남길 유

◆◇◆
도불습유 道不拾遺

규범과 법은 사회의 기초를 다지지만,
사람들의 도덕적 의식이 그 기초를 견고하게 한다.

- 알렉시 드 토크빌 (Alexis de Tocqueville) -

사회가 튼튼해지는 것은 법이 아니라, 사람들의
자발적인 도덕적 의식과 책임감 있는 행동에서 비롯됩니다.

105 사자성어 명언 필사 2

일모도원 日暮途遠
날은[日] 저물고[暮] 갈 길이[途] 멀다[遠]

| 몸은 늙고 쇠약한데 아직도 해야 할 일은 많음 |

일모도원을 직역하면 '날은 저물고 갈 길이 멀다'는 뜻입니다.
일모(日暮)는 날이 저물다, 도원(途遠)은 갈 길이 멀다는 의미로, 몸은 늙고 쇠약한데 아직도 해결해야 할 문제가 많음을 비유적으로 표현한 말입니다.
즉, 시간이 촉박하고 해결해야 할 일이 많아 곤란한 처지에 놓인 상황을 표현할 때 사용됩니다.

• 관련된 성어

일모도궁(日暮途窮) : 날은 저물고 갈 길은 막힘.

예문 프로젝트 마감이 임박했지만, 아직 해야 할 일이 많아서 **일모도원**이다.

日	暮	途	遠
날 일	저물 모	길 도	멀 원

◆◇◆
일모도원 日暮途遠

인생의 여정은 시작할 때부터 끝날 때까지
끝이 없다고 느낄 때까지 계속된다.
중요한 것은 그 여정을 지속하는 것이다.

- 알프레드 T. 매킨 (Alfred T. Mahan) -

끝이 없다고 느껴지는 순간에도 중요한 것은 '지속'입니다.
목표를 향해 멈추지 않는다면 그 길은 끝까지 완주할 수 있습니다.

106 수수방관 袖手傍觀
사자성어 명언 필사 2

소매에[袖] 손을[手] 넣고 곁에서[傍] 구경한다[觀]

| 나서야 할 일에 간여하지 않고 그대로 내버려두다 |

수수방관을 직역하면 '소매에 손을 넣고 곁에서 구경하다'는 뜻입니다. 어떤 일에 관여하지 않고 그저 지켜보기만 하는 태도를 비유적으로 표현한 말입니다. 즉, 문제나 사건이 발생했을 때 아무런 행동도 하지 않고 방관하는 상황을 形容할 때 사용됩니다.
이 표현은 무관심과 무책임한 태도를 비판적으로 나타내는 데 쓰입니다.

• 관련된 어휘
무관심(無關心) : 관심이 없음.
방관자(傍觀者) : 곁에서 지켜보는 사람.

예문 **수수방관**하는 것보다 적극적으로 행동하는 것이 더 나은 결과를 가져온다.

袖	手	傍	觀
소매 수	손 수	곁 방	볼 관

◆◇◆
수수방관 袖手傍觀

누군가가 부당하게 대우받고 있다면,
이를 보고도 아무 행동도 하지 않는 것은
그 불법을 간접적으로 지지하는 것과 다를 바 없다.

- 앤나 필립스 (Anna Phillips) -

침묵하는 것보다 목소리를 내는 것이,
우리가 세상에 기여할 수 있는 가장 중요한 방식입니다.

107 유유자적 悠悠自適

사자성어 명언 필사 2

여유롭고[悠] 편안하게[悠] 스스로[自] 적응한다[適]

| 속세를 떠나 아무것에도 매이지 않고 자유로우며 편안하게 삶 |

유유자적을 직역하면 '여유롭고 편안하게 스스로 적응하다'는 뜻입니다.
마음이 편안하고 여유롭게 자신의 삶을 즐기는 태도를 비유한 말로, 스트레스나 걱정 없이 여유롭고 평화롭게 사는 상황을 표현할 때 사용됩니다.
이 표현은 평화롭고 여유로운 삶의 태도를 강조하며, 스트레스 없이 자신의 삶을 즐기는 모습을 나타내는 데 쓰입니다.

• **관련된 성어**
　안한자적(安閑自適): 편하고 한가로워 마음 내키는 대로 즐김.
　안분지족(安分知足): 편안한 마음으로 자기 분수를 지키며 만족함을 앎.

예문 은퇴 후 그는 산속 작은 집에서 **유유자적**하며 지냈다.

悠	悠	自	適
멀 유	멀 유	스스로 자	갈 적

유유자적 悠悠自適

자연과 벗하며 사는 삶보다 더 좋은 것이 있을까?
새소리를 듣고, 바람을 맞으며,
해가 뜨고 지는 것을 바라보는 것만으로도 마음이 충만해진다.

- 헨리 데이비드 소로 (Henry David Thoreau) -

자연의 숨소리를 온전히 느끼는 것만으로도
우리는 평온과 행복을 찾을 수 있을 것입니다.

108 사자성어 명언 필사 2

천고마비 天高馬肥

하늘은[天] 높고[高] 말은[馬] 살찐다[肥]

| 하늘이 맑고 모든 것이 풍성함을 이르는 말 |

천고마비를 직역하면 '하늘은 높고 말은 살찐다'는 뜻입니다.
천고(天高)는 하늘은 높다, 마비(馬肥)는 말이 살찐다는 뜻으로, 가을 하늘이 높고 말이 살찌는 시기를 비유적으로 표현한 말입니다.
이 표현은 가을의 풍요로움과 아름다운 가을 날씨의 청명함을 표현할 때 사용됩니다.

• 관련된 성어

금풍옥로(金風玉露) : 가을바람과 이슬.
한고낙엽(寒高落葉) : 날씨가 차가워지고 나뭇잎이 떨어지는 가을 풍경.
추고단장(秋高斷腸) : 가을 하늘이 높고 맑아 쓸쓸한 감정을 느끼는 것.

예문   가을은 독서하기 좋은 **천고마비**의 계절이라 더욱 여유롭다.

天	高	馬	肥
하늘 천	높을 고	말 마	살찔 비

천고마비 天高馬肥

가을 하늘이 높고 맑은 것은
우리가 여름의 뜨거운 열정을 지나 성숙해진 것과 같다.
열정이 지나가야 비로소 평온하고 넉넉한 마음이 찾아온다.

- 빅토르 위고 (Victor Hugo) -

인생도 계절처럼 흘러가듯, 우리가 배운 것들은
한층 깊어진 하늘처럼 우리를 넉넉하게 만들어 줄 것입니다.

109 사자성어 명언 필사 2

구상유취 口尙乳臭

입에서[口] 아직도[尙] 젖[乳] 냄새가[臭] 난다

| 말이나 행동이 유치하다는 말 |

구상유취를 직역하면 '입에서 아직도 젖 냄새가 난다'는 뜻입니다.
구상(口尙)은 입에서 아직도, 유취(乳臭)는 젖 냄새라는 뜻으로, 아직 어리고 경험이 부족한 사람을 비유적으로 표현한 말입니다.
이 표현은 어리석고 미숙한 사람이나 경험이 부족한 사람을 비판적으로 표현할 때 사용됩니다.

• 관련된 성어

아유불급(兒幼不及) : 어린 아이가 아직 미치지 못하다.
미숙유취(未熟乳臭) : 미숙하여 아직 젖내가 남아 있다.

예문 나이가 들어서도 여전히 **구상유취**한 행동을 보니, 경험이 부족한 것 같다.

口	尙	乳	臭
입 구	더욱 상	젖 유	냄새 취

구상유취 口尚乳臭

어린 나무는 바람에 흔들리기 쉽다.
그러나 시간이 지나면 강한 나무로 자라날 것이다.
지금의 미숙함은 미래의 성장을 위한 과정일 뿐이다.

- 헨리 데이비드 소로 (Henry David Thoreau) -

나무가 바람을 견디며 자라듯이, 지금의 미숙함은
끝이 아니라 미래를 위한 단단한 기초가 되어 줄 것입니다.

110 진합태산 塵合泰山
사자성어 명언 필사 2

티끌도[塵] 모이면[合] 태산이[泰][山] 된다

| 적은 물건도 많이 모이면 큰 것이 됨 |

진합태산을 직역하면 '티끌도 모이면 태산이 된다'는 뜻입니다.
진합(塵合)은 먼지가 쌓이다, 태산(泰山)은 큰 산의 의미로, '티클 모아 태산'이라는 속담성어로 쓰입니다.
이 표현은 작은 것들이 모여 큰 것을 이룬다는 것을 비유적으로 표현한 말로, 작은 노력이나 요소들이 모여 큰 성과를 이루는 상황을 표현할 때 사용됩니다.

• 관련된 성어
토적성산(土積成山): 티끌도 모이면 태산이 된다는 뜻.
적진성산(積塵成山): 작은 티끌도 쌓이면 산이 된다는 뜻.

예문   **진합태산**이라고, 매일 한 줄씩 필사하다 보면 책 한 권을 완성할 수 있다.

塵	合	泰	山
티끌 진	합할 합	클 태	뫼 산

진합태산 塵合泰山

큰 나무도 한 줌의 흙에서 시작되고,
높은 탑도 작은 벽돌 하나에서 출발한다.

- 노자 (老子) -

큰 성취를 이루고 싶은 마음이 있다면, 거창한 계획보다
지금 할 수 있는 작은 것부터 시작하는 것이 중요합니다.

111 사자성어 명언 필사 2

촌철살인 寸鐵殺人

한 치의[寸] 쇠로[鐵] 사람을[人] 죽인다[殺]

| 짧은 경구로도 사람을 크게 감동시킬 수 있음을 이르는 말 |

촌철살인을 직역하면 '한 치의 쇠로도 사람을 죽일 수 있다'는 뜻입니다.
짧고 강력한 말이나 행동이 큰 영향을 미칠 수 있다는 의미입니다.
즉, 짧고 간결하지만 정확하고 강렬한 한 마디나 행동이 상황을 결정짓거나 사람에게 큰 영향을 미친다는 뜻입니다.
이 표현은 간결하지만 강력한 발언이 문제를 해결하거나 사람을 감동시킬 때 이 표현을 사용합니다.

• 관련된 성어

일언지하(一言止下) : 한 마디로 잘라 말함.
간결명료(簡潔明瞭) : 간결하고 명확하다.

예문 해학과 유머 속에는 **촌철살인**의 비수가 숨어 있다.

寸	鐵	殺	人
마디 촌	쇠 철	죽일 살	사람 인

촌철살인 寸鐵殺人

길고 복잡한 설명보다 중요한 것은
단 하나의 강렬한 진실을 말하는 것이다.
그 말은 사람들에게 오래 기억되고, 큰 영향을 미친다.

- 윈스턴 처칠 (Winston Churchill) -

복잡한 설명보다 단 하나의 강렬한 진실이
사람들의 마음에 오래 남고, 감동을 주는 법입니다.

112
사자성어
명언 필사 2

조족지혈 鳥足之血
새[鳥] 발의[足][之] 피[血]

| 아주 적은 분량을 비유적으로 이르는 말 |

조족지혈을 직역하면 '새 발의 피'라는 뜻입니다.
매우 적은 양이나 하찮은 것을 비유한 말로, 새 발에 묻은 피처럼 아주 작고 하찮은 양을 표현할 때 사용됩니다.
이 표현의 새의 발에서 나오는 피가 너무 적어서 거의 의미가 없다는 데서 유래되었으며, 주로 전체적인 것에 비해 너무나 미미하거나 보잘것없는 것들을 표현할 때 쓰입니다.

• 한자의 발견
　鳥(조) : '새'라는 뜻을 가진 글자이다. 새의 눈과 날개, 다리 등을 강조한 모양으로, 모든 새를 총칭한다.

예문 그의 기부금은 거대한 자선사업에 비하면 **조족지혈**에 불과하다.

鳥	足	之	血
새 조	발 족	갈 지	피 혈

조족지혈 鳥足之血

성공의 비밀은
중요하지 않은 일에 시간을 낭비하지 않는 것이다.
중요한 일에만 집중하면, 모든 것이 제대로 돌아간다.

- 파블로 피카소 (Pablo Picasso) -

성공은 중요하지 않은 일에 시간을 낭비하지 않고,
중요한 일에만 집중하는 데 있습니다.

113 사자성어 명언 필사 2 | 화중지병 畵中之餅

그림[畵] 속의[中][之] 떡[餠]

| 마음에 들어도 이용할 수 없거나 차지할 수 없음 |

중지병을 직역하면 '그림속의 떡'이라는 뜻입니다.
아무리 마음에 들어도 이용할 수 없거나 차지할 수 없음을 비유한 속담성어입니다. 즉, 실제로 존재하지 않는 허상이나 실제로 사용할 수 없는 것을 비유할 때 표현하는 말입니다.
이 표현은 그림 속의 떡처럼 보기만 좋고 실제로는 아무런 쓸모가 없는 상황을 표현할 때 사용됩니다.

• 관련된 어휘

허상(虛像) : 실체가 없는 허울뿐인 모습.
허위(虛僞) : 거짓되고 실체가 없음.

예문 그의 계획은 아무런 준비 없이 **화중지병**처럼 허무하게 끝날 것이다.

畵	中	之	餠
그림 화	가운데 중	갈 지	병 떡

화중지병 畵中之餠

목표를 세우는 것은 시작에 불과하다.
중요한 것은 그 목표를 실현할 수 있도록 노력하는 것이다.
준비 없이 목표만 세운다면, 그것은 그림 속 떡처럼 아무 의미가 없다.

- 조지 W. 카르버 (George W. Carver) -

허상에만 의존하지 말고, 현실적인 노력과
준비가 뒤따라야 진정한 성취를 이룰 수 있습니다.

114 식자우환 識字憂患

사자성어
명언 필사 2

글자를[字] 알아서[識] 근심이[憂][患] 생긴다

| 학식이 있는 것이 도리어 근심을 일으키게 된다는 말 |

식자우환 직역하면 '글자를 알아서 근심이 생긴다'라는 뜻입니다.
지식이 많을수록 오히려 걱정과 고민이 많아짐을 비유한 말입니다.
즉, 지식이 많아질수록 세상을 더 깊이 이해하게 되고, 그로 인해 걱정과 고민도 늘어나는 상황을 표현할 때 사용됩니다.
이 표현은 지식과 걱정의 관계를 강조하며, 지식이 늘어남에 따라 오는 책임과 고민을 나타내는 데 쓰입니다.

• 관련된 성어

지자불여기자(知者不如其者) : 아는 자가 모르는 자보다 못하다.
위지우환(爲知憂患) : 알기 때문에 걱정한다.

예문 **식자우환**이라는 말처럼, 때때로 아는 것이 더 큰 부담이 될 수 있다.

識	字	憂	患
알 식	글자 자	근심 우	근심 환

식자우환 識字憂患

알면 알수록, 모르는 것이 더 많다는 것을 깨닫게 된다.
지식은 끝이 없는 무한한 탐구의 길이며,
그 길에서 피할 수 없는 것은 고민과 갈등이다.

- 장폴 사르트르 (Jean-Paul Sartre) -

지식은 우리가 세상을 이해하는 창을 열어 주지만,
동시에 우리가 직면해야 할 고민과 갈등을 잉태하기도 합니다.

115 사자성어 명언 필사 2

축계망리 逐鷄望籬

닭을[鷄] 쫓다가[逐] 울타리를[籬] 바라보다[望]

| 애써 하던 일이 실패로 돌아가거나 남보다 뒤떨어져 맥이 빠진 경우 |

축계망리를 직역하면 '닭을 쫓다가 울타리를 바라보다'라는 뜻입니다.
목표를 쫓아가면서도 다른 것을 바라보는 모습을 비유한 말입니다.
즉, 무엇인가를 추구하지만 그 추구하는 것과는 상관없는 곳을 바라보는 비효율적인 행동이나, 목표를 이루기 위한 집중력이 부족한 상태를 비유적으로 표현한 것입니다.
이 표현은 주로 집중하지 못하고 다른 것에 신경을 쓰는 사람이나 상황을 비유할 때 사용됩니다.

• 관련된 성어

망양보뢰(亡羊補牢): 양이 도망친 뒤에 울타리를 고친다는 뜻.

예문 그는 **축계망리**처럼 중요한 일은 뒷전으로 미뤘다.

逐	鷄	望	籬
쫓을 축	닭 계	바랄 망	울타리 리(이)

축계망리 逐鷄望籬

성공은 목표에 집중할 때만 찾아온다.
멀리 있는 것에 눈길을 주면, 가까운 기회조차 놓치게 된다.

- 윌리엄 제임스 (William James) -

성공은 먼 곳에 있는 것이 아니라, 지금 이 순간
내가 놓치지 않으려는 작은 기회 속에 숨겨져 있습니다.

찾아보기

ㄱ

가롱성진 假弄成眞	48
각양각색 各樣各色	192
감언이설 甘言利說	66
감탄고토 甘呑苦吐	138
걸인연천 乞人憐天	166
격물치지 格物致知	92
견강부회 牽强附會	198
견물생심 見物生心	112
결자해지 結者解之	142
경거망동 輕擧妄動	214
경전하사 鯨戰蝦死	160
계란유골 鷄卵有骨	140
공중누각 空中樓閣	206
괄목상대 刮目相對	102
교각살우 矯角殺牛	136
교언영색 巧言令色	68
구밀복검 口蜜腹劍	30
구상유취 口尙乳臭	226
권선징악 勸善懲惡	186
금과옥조 金科玉條	176
금상첨화 錦上添花	40
금시초문 今時初聞	54
기사회생 起死回生	204

ㄴ

난공불락 難攻不落	202

ㄷ

단도직입 單刀直入	74
대동소이 大同小異	194
도불습유 道不拾遺	216
도원결의 桃園結義	10
동가홍상 同價紅裳	156
동문서답 東問西答	52
동상이몽 同床異夢	24
등롱망촉 得隴望蜀	170
등하불명 燈下不明	130

ㅁ

마이동풍 馬耳東風	56
만구성비 萬口成碑	208
망우보뢰 亡牛補牢	150
면종복배 面從腹背	32
명불허전 名不虛傳	190
목불식정 目不識丁	154
묘두현령 猫頭懸鈴	158
무미건조 無味乾燥	16
문일지십 聞一知十	90
미사여구 美辭麗句	70

ㅂ

박리다매 薄利多賣	44
백절불요 百折不撓	128
백중지세 伯仲之勢	188
백해무익 百害無益	46
분서갱유 焚書坑儒	108
불치하문 不恥下問	94

ㅅ

사리사욕 私利私慾	118
살신성인 殺身成仁	12
설왕설래 說往說來	60
소리장도 笑裏藏刀	36
소탐대실 小貪大失	116
속전속결 速戰速決	200
수수방관 袖手傍觀	220
승승장구 乘勝長驅	124
식자우환 識字憂患	236

ㅇ

아전인수 我田引水	144
안분지족 安分知足	114
양두구육 羊頭狗肉	22
어변성룡 魚變成龍	184
어부지리 漁夫之利	42

어불성설 語不成說	50	
언중유골 言中有骨	172	
오비이락 烏飛梨落	134	
온고지신 溫故知新	96	
와각지쟁 蝸角之爭	174	
우이독경 牛耳讀經	146	
유구무언 有口無言	58	
유명무실 有名無實	18	
유언비어 流言蜚語	72	
유유자적 悠悠自適	222	
이구동성 異口同聲	62	
이란투석 以卵投石	162	
이합집산 離合集散	86	
일거양득 一擧兩得	38	
일모도원 日暮途遠	218	
일벌백계 一罰百戒	180	
일석이조 一石二鳥	178	
일언반구 一言半句	64	
임갈굴정 臨渴掘井	164	

ㅈ

자포자기 自暴自棄	122
절치부심 切齒腐心	104
조삼모사 朝三暮四	28
조족지혈 鳥足之血	232

종두득두 種豆得豆	132
좌불안석 坐不安席	168
주마간산 走馬看山	148
중구삭금 衆口鑠金	78
중언부언 重言復言	196
지행합일 知行合一	210
진합태산 塵合泰山	228

ㅊ

천고마비 天高馬肥	224
천태만상 千態萬象	110
청렴결백 淸廉潔白	82
청빈낙도 淸貧樂道	80
청산유수 靑山流水	26
청출어람 靑出於藍	212
초부득삼 初不得三	120
촌철살인 寸鐵殺人	230
추풍낙엽 秋風落葉	88
축계망리 逐鷄望籬	238
충언역이 忠言逆耳	76

ㅌ

타산지석 他山之石	98
탐관오리 貪官汚吏	84
토사구팽 兎死狗烹	34

ㅍ

표리부동 表裏不同	20
풍전등화 風前燈火	152

ㅎ

하석상대 下石上臺	14
형설지공 螢雪之功	100
호가호위 狐假虎威	106
화룡점정 畵龍點睛	182
화중지병 畵中之餠	234
흥망성쇠 興亡盛衰	126

배우고 ──── 노력하는
사자성어
명언 필사

초판 1쇄 펴낸날 2025년 7월 1일

지은이   김한수
펴낸이   이종근
펴낸곳   도서출판 하늘아래

주소   경기도 고양시 일산동구 하늘마을로 57- 9 3층 302호
전화   (031) 976-3531
팩스   (031) 976-3530
이메일   haneulbook@naver.com
등록번호   제300-2006-23호

ISBN 979-11-5997-119-8 (04700)
ISBN 979-11-5997-112-9 (세트)

＊잘못 만들어진 책은 바꾸어 드립니다.
＊이 책의 저작권은 도서출판 하늘아래에 있습니다.
＊하늘아래의 서면 등인 없는 무단 전재 및 복제를 금합니다.